Vive les filles !

Le guide de celles qui seront bientôt ados !

Séverine Clochard
avec la collaboration de
Sophy Camacho, Claire Didier,
Julie Got, Isabelle Louet,
Laurence Rémy

Illustré par
Cécile Hudrisier
et **Anne Guillard**

MILAN

À la petite fille que j'ai été.
S. C.

1, rond-point du Général-Eisenhower,
31101 Toulouse Cedex 9, France

Dépôt légal : septembre 2019
ISBN : 978-2-4080-1318-9
Achevé d'imprimer au 3e trimestre 2019 en Chine
editionsmilan.com

Sommaire

SALUT !

Moi, c'est Julie ! Je connais bien les problèmes des filles de 8 à 13 ans, comme toi, tes petits tracas, tes grandes questions. Parce qu'être une préadolescente, c'est pas toujours facile ! Alors, j'ai eu envie de faire ce guide, pour qu'il t'aide à être bien dans ta peau.

Tu t'interroges sur la puberté ? Tu te demandes comment te faire des copines ? Tu ne comprends rien aux garçons ? Tu as envie de te faciliter la vie à l'école ou en famille ? Ne cherche plus : toutes les réponses sont ici, dans ce livre ! J'y ai mis tout ce que tu aimes : des astuces, des tests et des conseils qui marchent vraiment. La preuve, ce sont des filles de ton âge qui me les ont confiés ! Et quand le problème est trop compliqué, j'ai carrément interrogé des experts. Un médecin t'expliquera par exemple pourquoi tu as parfois du mal à t'endormir. Un professeur te dira comment apprendre tes leçons et... les retenir ! Etc.

J'espère que le résultat te plaira et qu'on va devenir de grandes amies, toi et moi...

Bonne lecture !

COMMENT UTILISER CE LIVRE ?

7 chapitres, chacun consacré à un thème précis, pour aborder tous les sujets qui te concernent.

4 types de pages :

Les astuces de Julie :
mes secrets pour faire face à toutes les situations, sans oublier les trucs des copines !

SOS Julie :
un problème ? Pas de panique ! Je suis là pour t'aider avec les copines et parfois aussi des experts.

Des conseils de pros
pour mieux comprendre ce qui t'arrive.

Teste-toi :
un jeu de questions-réponses pour mieux te connaître.

Bon à savoir :
l'essentiel des connaissances de base sur un sujet.

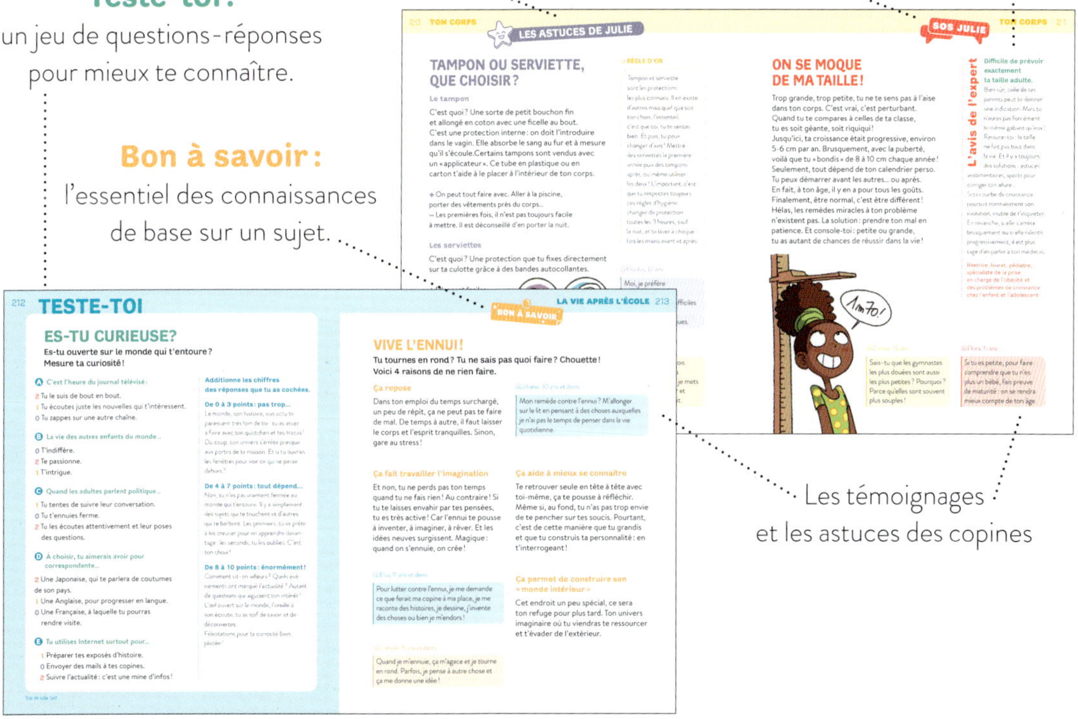

Les témoignages et les astuces des copines

Enfin, si tu es perdue, repère un mot dans l'index et consulte la page correspondante.

TON CORPS, FAIS-EN UN AMI !

Grandir, c'est pas si facile ! Trop petite, trop grosse, pleine de boutons... quand tu te regardes dans la glace, tu n'es pas toujours très tendre avec ton image ? Quant à la puberté, le mot à lui seul t'inquiète. Stop ! Il est temps que tu te sentes enfin bien dans ton corps. Voici comment...

BON À SAVOIR

LES ASTUCES DE JULIE

TESTS

SOS JULIE

LE JEU DE LA VÉRITÉ

Compte un point à chaque fois que tu te reconnais dans l'une des affirmations suivantes.

- Il m'arrive de pleurer sans savoir pourquoi.
- Je suis la plus petite de ma classe, y en a marre !
- C'est sûr, tout le monde sait que j'ai eu mes règles !
- J'aimerais bien avoir des seins.
- Pourquoi j'ai des boutons et pas les autres ?
- Toutes mes copines ont leurs règles sauf moi, ça m'inquiète.
- J'ai une tête de plus que les autres, qu'est-ce qui ne va pas chez moi ?
- J'ai un sein plus petit que l'autre, c'est grave ?
- J'ai eu mes règles puis plus rien depuis 2 mois. C'est sûr, il y a quelque chose qui cloche.
- J'en ai marre que tout le monde regarde ma poitrine.
- J'aimerais que mes parents me fassent des câlins mais j'ose pas leur demander, ça ferait bébé.
- C'est bizarre, j'ai des poils qui poussent autour du sexe et sous les bras.
- J'ai l'impression d'avoir grossi.
- Il y a des traces blanches dans ma culotte.
- Je trouve que mes copines font « bébés ».
- Je n'ose pas parler à ma mère des seins et des règles.
- Mes parents ne me comprennent pas.
- Je me demande si j'ai besoin d'un soutien-gorge.
- Ça me gêne de me déshabiller dans le vestiaire des filles.
- Les règles, ça m'angoisse.
- Je ne me sens plus la même.

Tu as au moins 3 points ? Passe à la page suivante...

Test de Séverine Clochard

BONNE NOUVELLE, TU ES NORMALE !

La réponse à toutes ces sensations qui te perturbent tant tient en un mot : puberté. Rassure-toi, ce n'est pas une maladie. Juste une des étapes de l'enfance vers l'âge adulte, un passage intermédiaire complexe mais aussi passionnant. Tu vas sans doute être un peu secouée, parfois un peu perdue, souvent la tête pleine de questions. Pas de panique ! Ce n'est pas la première fois que la vie te chahute ainsi. Souviens-toi de tes premiers pas ou de ton entrée en 6e, ce n'était pas facile mais tu t'en es sortie ! La vie bouge et nous avec, c'est ça qui est chouette. On change, on évolue. Alors bien sûr, il y a des moments plus délicats que d'autres mais l'avantage c'est qu'ils ne durent qu'un temps ! La puberté finalement, ce n'est qu'une étape de plus. D'autres ont bien réussi à y survivre, alors pourquoi pas toi ?

L'avis de l'expert

Ce qui te fait peur, c'est de grandir !

Ça te paraît difficile parce que tu ne choisis pas le moment. Les transformations de ton corps arrivent malgré toi, que tu sois prête dans ta tête ou non. Tu ne te reconnais plus dans la glace ni dans tes relations avec tes parents.

C'est normal d'être perturbée. Tu es fière d'appartenir enfin au monde des grands, mais tu as encore beaucoup envie de jouer ! Rassure-toi. Ton corps n'est peut-être plus celui d'une enfant, mais ça ne fait pas de toi une femme. Le devenir, ça prend du temps et ça se construit petit à petit.

N'hésite pas à te faire entendre si le regard ou les réflexions des autres te gênent. Ce que tu ressens, c'est important !

Dominique Gaffié Lemaignan,
psychologue clinicienne,
psychanalyste

BON À SAVOIR

L'ESSENTIEL DE LA PUBERTÉ EN 4 LEÇONS

Ne cherche plus. Ce que tu dois savoir est ici !

Chacun son rythme

Tu te demandes quand viendra ton tour ? Difficile de te donner une date précise. Même ton médecin ne pourrait te le dire avec exactitude. En général, chez les filles, la puberté commence entre 8 et 14 ans, chez les garçons entre 11 et 16 ans. Mais il n'y a rien de systématique. Parfois, elle se déclenche plus tôt ou plus tard. C'est ton cerveau qui donne le signal, comme un chef d'orchestre, à des glandes qui étaient jusque-là au repos dans ton corps.

En se réveillant, elles sonnent le chambardement dans tout ton organisme ! Elles envoient dans le sang des hormones, des substances chimiques qui agissent ensuite sur différents organes. C'est comme une chaîne ! Pour toi, elles vont commander à tes ovaires, les glandes sexuelles de la fille, de libérer à leur tour d'autres hormones. Ce sont elles qui vont provoquer la poussée des seins, l'apparition des règles...

On a le temps de s'habituer

4 ans ! C'est la durée moyenne de la puberté. Tu vois, ce n'est pas si brutal que ça ! Les transformations, même si elles sont nombreuses et perturbantes, se font progressivement. Tu vas avoir un peu de répit pour t'adapter et te familiariser avec ton nouveau corps. En général, tes futurs seins vont d'abord commencer à pousser. Puis des poils vont apparaître autour de ton sexe et sous tes bras. Ensuite, ta poitrine va prendre du volume, ta pilosité va augmenter et tu découvriras des écoulements blanchâtres dans ta culotte.

BON À SAVOIR

C'est ce qu'on appelle les pertes blanches. Dans le même temps, tu vas aussi beaucoup grandir. Enfin, ce sera le tour des règles, d'abord irrégulières puis régulières. Ton corps parviendra enfin à son état adulte.

Personne n'y échappe

Garçon ou fille, tout le monde y passe ! Tu es peut-être ravie : tu attendais ce moment depuis si longtemps ! Ou alors, c'est l'inverse : tu trouves que tout va trop vite. Tu n'aimes pas ces transformations, ni le regard des autres qui te semble changé. C'est vrai : grandir petit à petit, c'est peut-être plus facile à vivre. Ça donne le temps d'apprivoiser son nouveau corps.
Difficile d'être vraiment satisfaite, surtout à un âge où l'on voudrait plus que tout être comme les autres.

Pour vivre au mieux cette période, essaie de ne pas faire de comparaison : tu seras toujours en avance ou en retard sur quelqu'un. Car chacun possède sa propre horloge, qui se déclenche quand elle veut !

Pour les parents aussi, c'est compliqué

Parfois, ils ne savent pas trop comment aborder le sujet avec toi. Certains refusent de voir que le corps de leur fille change. À leurs yeux, tu es toujours une enfant. D'autres, au contraire, sont tellement fiers : leur bout de chou est devenu une femme ! Mais leurs explosions de joie et leur façon de l'annoncer à tort et à travers te mettent mal à l'aise. N'hésite pas à leur expliquer ce que tu ressens. Fais appel à leurs souvenirs : pour eux, comment ça s'est passé ? Ils seront peut-être plus compréhensifs.

BON À SAVOIR

LA VÉRITÉ SUR LES SEINS

Sur eux, tu as tout entendu : que ça fait mal… ou pas, que ça arrive d'un coup, etc. Stop ! Voici ce que tu dois savoir.

Ils poussent d'un coup

FAUX

Le premier signe, c'est l'aréole : ce cercle, un peu plus foncé que ta peau, et qui entoure le bout de ton « futur » sein, s'élargit. Puis ta poitrine va commencer à prendre du volume, à petits pas ou plus rapidement, ça dépend ! Mais elle n'atteindra sa taille adulte que… dans 4 ans. Ça te laisse le temps de t'habituer.

Ne pas avoir de seins à 12 ans, c'est normal

VRAI

Chacune son rythme ! En général, la poitrine commence à se développer entre 9 et 13 ans. Après 13 ans, fais le point avec ton médecin.

Les deux seins poussent toujours à la même vitesse

FAUX

En général, ça commence par un côté. Puis l'autre démarre un peu plus tard. Mais rassure-toi, cette différence s'atténue rapidement. En réalité, c'est très rare que les seins soient exactement pareils. Et puis, la forme et la taille des seins ne sont pas définitives. Petits ou allongés, ronds ou pointus, charnus, ils évoluent tout au long de la vie.

Tout le monde verra mon soutien-gorge

FAUX

Avec les modèles « seconde peau », aucun risque ! Ils sont très discrets. Renseigne-toi dans les magasins. Les seules à connaître ton secret seront les copines que tu as mises dans la confidence. Alors, tranquillise-toi, les garçons n'en sauront rien.

BON À SAVOIR

Les seins attirent le regard

VRAI

Forcément, c'est difficile de les cacher ! Et parfois les remarques fusent, des garçons ou de certains adultes maladroits. Et cela te gêne. Pourtant, tu n'as pas à avoir honte de tes formes. Elles montrent simplement que tu grandis. C'est plutôt chouette, non ? Alors, ignore les moqueurs. Voyant que cela ne t'atteint pas, ils finiront par se lasser. N'hésite pas non plus à te rebiffer et à expliquer que leurs remarques te dérangent. Si tu es vraiment trop mal à l'aise, porte des pulls ou vêtements un peu amples. Mais surtout, ne cache pas tes seins en te voûtant, tu ferais souffrir ton dos.

Le mieux, c'est d'en parler à sa mère

VRAI

C'est la personne idéale pour t'apporter des conseils. Mais parfois, tu n'oses pas lui parler. Peut-être est-elle aussi intimidée que toi et n'attend-elle qu'un signe de ta part ? Prends les devants : évoque le sujet comme s'il concernait une copine. C'est en général très efficace. Et si tu ne te sens pas suffisamment à l'aise avec ta mère, tu peux toujours te tourner vers une autre personne en qui tu as confiance, ta grande sœur, une tante...

Ça fait très mal

FAUX

Bien sûr que non ! Au pire, tu ressentiras juste une légère tension, tout à fait normale, qui s'estompera rapidement.

Il vaut mieux porter un soutien-gorge

VRAI FAUX

En sport, c'est sûr, c'est plus pratique ! Car les seins ne sont pas des muscles. Ils tiennent grâce à la peau qui les entoure et à des fibres. Alors, un coup de pouce, ce n'est pas de refus ! Voilà, le rôle du soutien-gorge : soutenir ta poitrine ! Mais tu peux aussi choisir de ne pas en porter. C'est toi qui décide ! L'essentiel ? Que tu te sentes à l'aise, avec ou sans soutien-gorge !

SOS JULIE

QUAND DOIS-JE PORTER UN SOUTIEN-GORGE ?

Dès que tu en ressens le besoin ! Parles-en avec ta maman, pour qu'elle t'aide à faire ce premier achat si tu es décidée. Un bon signe, c'est quand ta poitrine commence à te gêner dans ta vie quotidienne, pour faire du sport par exemple. Pour choisir ton soutien-gorge, mesure ton tour de buste, juste en dessous de tes seins. Le chiffre indiquera ta taille (de 70 à 115). Puis, recommence. Mais cette fois en passant sur le bout de tes seins. La différence entre les deux mesures te donne la profondeur du bonnet :
15 cm = bonnet A,
20 cm = bonnet B, etc.

L'avis de l'expert

Pour ton premier achat, fais-toi accompagner de la personne avec qui tu te sens le plus en confiance. Ce n'est pas forcément ta maman... Essaie toujours ton soutien-gorge avec la fermeture au deuxième cran. Peu importe la forme, l'essentiel, c'est que ta poitrine soit bien maintenue sans te gêner ni te blesser. L'armature (s'il y en a une) doit se placer juste à la naissance du sein. N'hésite pas à te faire aider par une vendeuse. Elle est là pour ça ! Et rassure-toi, des seins, elle en voit toute la journée !

Laetitia, vendeuse

@Marie, 12 ans

J'ai commencé par mettre des brassières jusqu'au jour où ça m'a gênée pour faire du sport. Avec ma mère, on est allées au magasin et je me suis laissé guider.

@Djamila, 13 ans

J'en ai parlé à ma grande sœur. Au début, elle m'a passé des soutiens-gorge qui ne lui allaient plus. Depuis, je les achète toute seule. Je prends les tailles les plus petites et j'essaye !

@Vanessa, 12 ans

J'étais en vacances chez ma mamie. En faisant du shopping, elle m'a dit l'air de rien : « regarde ce soutien-gorge, il est joli, non ? Et si tu l'essayais ? » En rentrant de vacances, j'étais fière ! Je me sentais femme !

LES RÈGLES, ÇA M'INQUIÈTE : TOUT CE SANG, C'EST PAS NORMAL !

Et pour cause ! Jusqu'ici, s'il t'arrive de saigner, c'est parce que tu t'es blessée. Alors pourquoi cela serait-il différent cette fois ? C'est parfaitement logique que tu penses ça. En plus, tu as peut-être l'impression d'en perdre beaucoup. Et si tu allais te vider de tout ton sang ?

Tranquillise-toi. Les règles, c'est simplement le résultat d'un processus naturel qui concerne toutes les filles et qui marque la dernière étape de la puberté. Généralement, elles surviennent vers 12 ans et demi, durent quelques jours et s'arrêtent toutes seules.

Mais n'oublie pas : chacune évolue à son rythme. Tu peux donc être réglée plus tôt (à 9 ans) ou... plus tard (à 15 ans). Tes écoulements peuvent être plus ou moins abondants et durer plus ou moins longtemps (de 3 à 8 jours environ). Quant à la quantité de sang évacuée, elle remplirait à peine un verre ! Tu vois, finalement, bien moins que ce que tu imaginais, non ?

L'avis de l'expert

Tu te demandes peut-être d'où vient tout ce sang. De ton utérus, un organe situé dans le bas du ventre. La muqueuse, une sorte de peau, en tapisse l'intérieur.

À chaque cycle, sous l'action des hormones, elle se développe, s'épaissit puis se détache et s'élimine par le vagin en saignant. Ce sont les règles. Puis elle repousse et c'est reparti pour un nouveau cycle !

Annick Bouvy Lazorthes, gynécologue

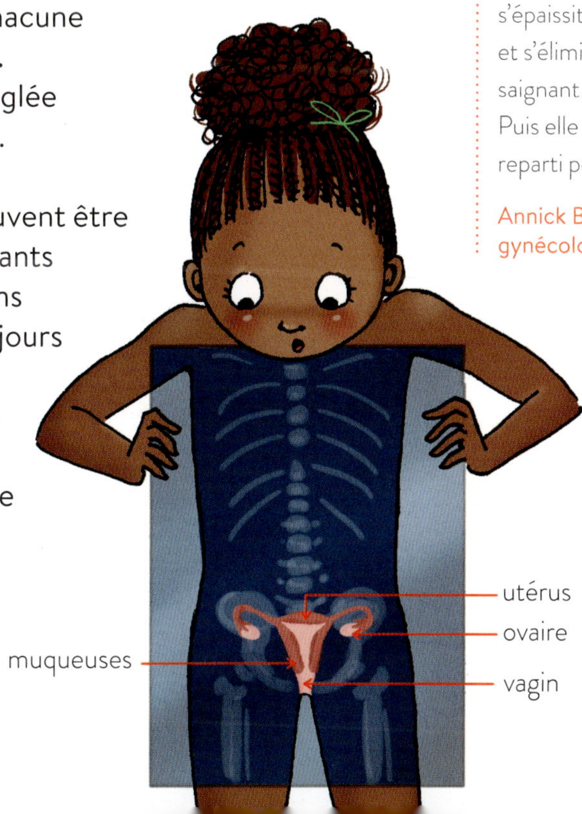

BON À SAVOIR

LA VÉRITÉ SUR LES RÈGLES

Plein d'idées reçues circulent à leur sujet. Fais le point.

On arrête de grandir

FAUX

Pas du tout ! Mais ta croissance, qui s'accélère brusquement au début de la puberté, va ralentir un peu.

Elles arrivent sans prévenir

FAUX

Bien sûr, impossible de prévoir le jour J. En général, elles surviennent entre 18 mois et 2 ans après le début de la poussée des seins et des poils. Mais il y a des indices qui peuvent t'alerter. Tu as déjà de la poitrine ? Des poils autour du sexe et sous les bras ? Des pertes blanches ? Les règles ne sont pas loin... Dès que tu détectes ces signes, prends tes précautions : glisse une serviette hygiénique dans ton sac. Et ne t'inquiète pas, tu ne risques pas « d'inondations ».
Les règles commencent toujours par de légers écoulements brunâtres qui te laissent le temps de réagir et de mettre une protection.

Elles sont irrégulières

VRAI

En tout cas, au début. Plusieurs mois pourront même s'écouler entre ta première et ta deuxième fois ou seulement... quelques semaines. C'est normal, il faut le temps que la machine

BON À SAVOIR

se mette en route. Il lui faudra environ 2 ans. Après, théoriquement, tes règles reviendront tous les 28 jours. C'est ce qu'on appelle « le cycle menstruel ».

Ça fait horriblement mal

FAUX

En général, on ne ressent aucune douleur. Mais parfois, certaines ont mal au ventre, au dos. En fait, c'est parfois familial : interroge ta maman pour savoir comment ça se passe pour elle. Et puis, si tu souffres trop, n'hésite pas à lui demander d'aller chez le médecin. Il cherchera à comprendre ce qui t'arrive et te soulagera.

On se sent différente

VRAI

Parfois, on est un peu plus sensible, plus nerveuse : la faute de ces sacrées hormones ! Rassure-toi, ces inconvénients sont certes un peu ennuyeux mais parfaitement normaux. Toutes les filles en souffrent, de façon plus ou moins importante. Interroge ta maman ou les autres femmes qui t'entourent.

On ne peut plus se baigner

FAUX

Si tu adores t'amuser dans l'eau, ne te prive pas ! Médicalement, en piscine ou dans une mer chaude, il n'y a aucun problème. Il te suffit d'adopter la protection adéquate : un tampon, c'est mieux, sinon attends plutôt la fin de tes règles. Seul bémol : si l'eau est très froide, car cela risque de te donner mal au ventre. Écoute ton corps pour te décider.

Les règles, c'est embêtant

VRAI

C'est sûr, c'est un peu contraignant. Et pour le moment, tu ne vois vraiment pas l'intérêt de ce phénomène. Mais plus tard, c'est grâce à ce mécanisme que tu pourras, si tu en as envie, avoir des enfants. Surtout, n'aie pas honte d'avoir tes règles : rappelle-toi, c'est un processus naturel. C'est le signe que ton corps fonctionne bien. Et ça, c'est chouette !

LES ASTUCES DE JULIE

TAMPON OU SERVIETTE, QUE CHOISIR ?

Le tampon

C'est quoi ? Une sorte de petit bouchon fin et allongé en coton avec une ficelle au bout. C'est une protection interne : on doit l'introduire dans le vagin. Elle absorbe le sang au fur et à mesure qu'il s'écoule. Certains tampons sont vendus avec un « applicateur ». Ce tube en plastique ou en carton t'aide à le placer à l'intérieur de ton corps.

+ On peut tout faire avec. Aller à la piscine, porter des vêtements près du corps...

– Les premières fois, il n'est pas toujours facile à mettre. Il est déconseillé d'en porter la nuit.

Les serviettes

C'est quoi ? Une protection que tu fixes directement sur ta culotte grâce à des bandes autocollantes.

+ Elles sont faciles et pratiques à utiliser.

– On leur reproche parfois des mauvaises odeurs et des fuites, une sensation d'inconfort, et d'être visibles sous certains vêtements.

☆ RÈGLE D'OR

Tampon et serviette sont les protections les plus connues. Il en existe d'autres comme la coupe menstruelle ou les culottes absorbantes mais quel que soit ton choix, l'essentiel, c'est que toi, tu te sentes bien. Et puis, tu peux changer d'avis ! Mettre des serviettes la première année puis des tampons après, ou même utiliser les deux ! L'important, c'est que tu respectes toujours ces règles d'hygiène : changer de protection toutes les 3 heures, sauf la nuit, et te laver à chaque fois les mains avant et après.

@Gladys, 12 ans

Moi, je préfère les serviettes car les tampons sont difficiles à mettre même s'ils sont plus pratiques.

@Marie, 12 ans

Essaie les deux et vois avec quoi tu te sens le plus à l'aise. Moi, je mets des tampons le jour et des serviettes la nuit.

ON SE MOQUE DE MA TAILLE !

Trop grande, trop petite, tu ne te sens pas à l'aise dans ton corps. C'est vrai, c'est perturbant. Quand tu te compares à celles de ta classe, tu es soit géante, soit riquiqui !
Jusqu'ici, ta croissance était progressive, environ 5-6 cm par an. Brusquement, avec la puberté, voilà que tu « bondis » de 8 à 10 cm chaque année ! Seulement, tout dépend de ton calendrier perso. Tu peux démarrer avant les autres... ou après. En fait, à ton âge, il y en a pour tous les goûts. Finalement, être normal, c'est être différent ! Hélas, les remèdes miracles à ton problème n'existent pas. La solution : prendre ton mal en patience. Et console-toi : petite ou grande, tu as autant de chances de réussir dans la vie !

L'avis de l'expert

Difficile de prévoir exactement ta taille adulte.
Bien sûr, celle de tes parents peut te donner une indication. Mais tu n'auras pas forcément le même gabarit qu'eux ! Rassure-toi : la taille ne fait pas tout dans la vie. Et il y a toujours des solutions : astuces vestimentaires, sports pour corriger ton allure...
Si ta courbe de croissance poursuit normalement son évolution, inutile de t'inquiéter. En revanche, si elle s'arrête brusquement ou si elle ralentit progressivement, il est plus sage d'en parler à ton médecin.

Béatrice Jouret, pédiatre, spécialiste de la prise en charge de l'obésité et des problèmes de croissance chez l'enfant et l'adolescent

@Cathie, 12 ans

Sais-tu que les gymnastes les plus douées sont aussi les plus petites ? Pourquoi ? Parce qu'elles sont souvent plus souples !

@Flora, 11 ans

Si tu es petite, pour faire comprendre que tu n'es plus un bébé, fais preuve de maturité : on se rendra mieux compte de ton âge.

ES-TU IMPATIENTE DE GRANDIR ?

Grandir, c'est une aventure que chacune vit à son rythme. Et toi ?

1 Si tu avais un miroir magique, tu aimerais qu'il te montre :

- À 20 ans, avec ton fiancé.
- À 15 ans au lycée.
- Avec une nouvelle coupe de cheveux.

2 Te maquiller pour paraître plus vieille :

- Pour une boum, c'est une bonne idée...
- Non merci, tu risquerais d'être ridicule !
- Tu as déjà essayé et le résultat t'a plu.

3 L'idée que ton corps va se transformer avec la puberté...

- T'excite : tu as hâte de voir le changement !
- Tu t'en moques. De toute façon, c'est pas pour demain !
- T'angoisse un peu : et s'il ne te plaisait pas ?

4 Les garçons qui t'attirent...

- Sont plus vieux que toi, donc très intéressants.
- Ont à peu près ton âge : vous partagez plein de choses.
- Y en a pas ! L'amour, tu y réfléchiras... plus tard !

5 Le monde des ados...

- C'est une autre planète !
- T'intrigue et t'attire.
- Tu n'attends qu'un truc : y entrer, et vite !

Max de :
plus vite que la musique

Grandir, tu ne demandes que ça ! À tes yeux, le futur est beaucoup plus attrayant que le présent. Pressée de « vieillir », tu te hérisses lorsque les adultes te traitent en « gamine ». Mais à force de vouloir brûler les étapes, tu risques de passer à côté du meilleur. Pas de précipitation !

Max de :
rien ne presse...

Qui va doucement va sûrement, te répètes-tu. Grandir, voilà qui ne t'obsède pas ! Bien sûr, tu y penses : tu as des envies et quelques projets. Mais en attendant de les réaliser (peut-être), tu ne t'inquiètes pas plus que ça !

Max de :
insouciante

La semaine prochaine, ça te semble déjà loin. Alors, qu'on ne te parle pas de ton avenir ! À tes yeux, grandir ne signifie pas grand-chose, à part gagner quelques centimètres. Vivre au jour le jour sans te prendre la tête, telle est ta recette.

Test de Julie Got

LES ASTUCES DE JULIE

LA PUBERTÉ, C'EST PAS SIMPLE !

Tu as du mal à vivre cette période ? Tu te poses des questions ? Les copines aussi. Témoignages.

☆ La puberté, c'est comme une porte. Tout d'un coup, on passe d'une pièce à une autre ! Je n'ai pas spécialement hâte d'y être mais je n'ai pas peur. Je me demande juste comment on va pouvoir changer en si peu de temps.

Mei, 11 ans

☆ Pour nos parents, notre puberté, c'est compliqué : ils ont du mal à supporter qu'on n'ait plus toujours besoin d'eux. Moi, je trouve juste que je deviens une autre personne et ça me plaît assez.

Constance, 13 ans

☆ La puberté, c'est un peu pénible, surtout pour en parler aux parents. Quand vous leur racontez, ils font plein de « chichis » partout où ils vont.

Fleur, 11 ans

☆ Depuis que j'ai 9 ans et demi, j'ai mes règles. Je me sens différente des autres parce que je suis la plus jeune de la classe et la plus avancée ! Mais je trouve ça joli, des seins.

Agathe, 10 ans

☆ L'embêtant avec la puberté, c'est que les garçons grandissent moins vite que nous. Moi, je suis quasi plate comme une planche à pain et les garçons n'arrêtent pas de me vanner ! Je suis sûre que des garçons plus âgés n'y auraient pas fait attention.

Moana, 12 ans

☆ J'ai eu mes règles un mercredi, quelques heures après la piscine ! Je n'ai rien senti du tout. Sur le coup, j'ai pris peur et je me suis mise à pleurer, mais après, j'étais tout excitée à l'idée de savoir que j'étais une femme !

Lola, 12 ans et demi

☆ Mes seins ont commencé à pousser l'année dernière. D'abord, c'était une petite bosse dure, qui me faisait un peu mal quand je me cognais dessus. Et puis après, j'en ai eu un plus gros que l'autre ! Maintenant, ça va.

Laura, 11 ans

SOS JULIE

J'ADORE LES HAMBURGERS, JE RISQUE D'ÊTRE OBÈSE ?

« Ne mange pas trop gras, trop salé, trop sucré. Attention aux graisses ! » À force d'entendre ce genre d'avertissement, c'est normal que tu t'interroges ! Pourtant, depuis plusieurs années, les chiffres restent stables avec un peu plus d'1 enfant sur 6 en excès de poids au CM2*. C'est même plutôt la maigreur chez les enfants qui augmente ! Alors, rassure-toi. Ce n'est pas en mangeant de temps en temps dans un fast-food que tu vas devenir obèse ! C'est beaucoup plus compliqué que ça.

Les études distinguent deux causes possibles à l'obésité : l'absence d'activité physique et les mauvaises habitudes alimentaires. Il existe aussi une prédisposition génétique : nous ne sommes pas tous égaux devant l'obésité. Mais si ton alimentation est équilibrée et que tu pratiques un sport régulièrement, il n'y a pas lieu de t'inquiéter !

* OCDE, « Surpoids et obésité chez l'enfant », dans *Panorama de la santé* 2015. *Les indicateurs de l'OCDE*.

L'avis de l'expert

Quand on est obèse, le corps présente un excès de masse grasse : on absorbe plus d'énergie qu'on n'en dépense. Chez l'enfant et l'adolescent, l'obésité peut entraîner des difficultés respiratoires, articulaires, et d'autres problèmes plus sérieux à l'âge adulte. Mais quelques hamburgers ne vont pas provoquer un surpoids ! Si tu aimes vraiment beaucoup ça, essaie d'équilibrer ton menu. Évite d'associer soda, frites, sandwich et crème glacée ! En boisson, préfère l'eau, en dessert, un fruit, et choisis plutôt une salade en entrée.

Béatrice Jouret, pédiatre, spécialiste de la prise en charge de l'obésité chez l'enfant

@Lola, 9 ans

On ne devient pas obèse d'un coup en avalant un hamburger ! Mais fais attention d'avoir une alimentation équilibrée.

@Chloé, 12 ans

Si tu fais du sport régulièrement, tu limites les risques. Sais-tu qu'il faut marcher au moins 30 min par jour ?

@Camille, 11 ans

Tu as tendance à grossir facilement ? Alors, en dehors des pizzas, consomme des légumes à chaque repas et 2 à 3 fruits par jour !

BON À SAVOIR

BIEN SE NOURRIR EN 5 LEÇONS

La recette de l'équilibre ? Manger seulement ce que le corps dépense. Ni plus, ni moins.

Leçon 1 : rien n'est interdit

Chaque aliment est utile. Mange de tout ! À chaque repas, pioche dans les 5 familles indispensables : produits laitiers, céréaliers (pain, riz...), fruits et légumes, corps gras (huile, beurre...) et viande-poisson-œufs. Et n'oublie pas : tous les repas sont importants ! Alors, ne fais pas d'impasse...

Leçon 2 : prends ton temps

Manger, c'est aussi se faire du bien. Souvent, tu es tellement pressée que tu ne sens même plus le goût des aliments ! Ou bien tu regardes la télé et tu ne fais pas attention à ce qui se trouve dans ton assiette ! C'est dommage.

Leçon 3 : mange à ta faim

Combien de fois grignotes-tu parce que tu t'ennuies, ou pour te consoler d'un gros chagrin, alors que tu n'as pas vraiment faim. Même chose devant l'assiette. Quand ton organisme est rassasié, il t'envoie le signal : stop ! Écoute-le. Et tant pis s'il y a des restes : on a tous des besoins différents.

Leçon 4 : bois

L'eau est la seule boisson indispensable. Les sodas et les jus de fruits sont souvent trop sucrés. Évite de les consommer pendant les repas. Réserve-les plutôt pour les grandes occasions !

Leçon 5 : bouge-toi !

C'est aussi une manière de nourrir son corps ! Avec une activité physique régulière, on se maintient en forme et c'est bon pour la santé ! Tu es allergique au sport ? Entretiens ton tonus facilement en prenant les escaliers, en marchant ou en dansant dans ta chambre...

SOS JULIE

JE ME TROUVE TROP GROSSE

Es-tu sûre de l'être vraiment ? Parfois, on se rêve fine et élancée comme les top models des magazines. Et, dans le miroir, la réalité nous paraît bien différente… Attention ! Ne te laisse pas influencer par ces photos trompeuses. Souvent, elles sont retouchées ! Quant aux mannequins, elles ont été maquillées, apprêtées, rien à voir avec leur apparence au naturel ! Et puis, le poids soi-disant idéal, c'est une question de culture. À d'autres époques, ce sont les rondes qui auraient défilé ! Aujourd'hui encore, dans certains pays, ce sont elles qu'on trouve belles.

@Lucie, 11 ans

Moi aussi je suis ronde mais en grandissant, on va s'affiner ! Surtout ne saute pas de repas, ça ne fait pas maigrir. Au contraire, le corps fait des réserves !

@Marie, 10 ans

Si tu as faim entre les repas, bois un verre d'eau, ça cale !

@Constance, 13 ans

Je ne peux m'empêcher de grignoter. Alors, avec maman, on a décidé de remplacer les gâteaux et le chocolat par des yaourts et des fruits. Ça cale bien et c'est très bon !

Peut-être es-tu, en plus, un peu influencée par ton entourage... Si autour de toi on ne parle que « régime », « produits allégés » et « kilos à perdre », tu as sans doute tendance à faire plus attention à ton poids. Mais ce qui est parfois valable pour un adulte ne t'est pas du tout adapté !

Bon, le meilleur moyen d'être vraiment fixée, c'est de connaître ton indice de masse corporelle (IMC), qui tient compte à la fois de ta taille, de ton âge et de ton poids. Profite d'une visite chez ton médecin pour le calculer avec lui. Il reportera le résultat dans le tableau qui figure dans ton carnet de santé.

Si tu es suivie régulièrement, tu pourras tracer ta courbe de corpulence et voir si tu as vraiment raison de t'inquiéter.

L'avis de l'expert

Le tableau montre que ton poids est normal mais, malgré tout, ton image ne te satisfait pas ? N'oublie pas que tu es à un âge où ton corps change : il se développe, des formes apparaissent, tes hanches s'élargissent... Tu as l'impression de grossir mais, en fait, c'est seulement ta silhouette qui se modifie. Il va te falloir un peu de temps pour t'y habituer. À la puberté, c'est tout à fait courant d'avoir des variations de poids.

Selon le tableau, tu aurais quelque problème de poids ? Ne t'affole pas pour autant. Surtout, ne cherche pas à grossir ou maigrir toute seule en t'imposant un régime farfelu. Ce genre de décision ne réglera pas ton souci et peut être nocif pour ta santé. Le plus sage est d'en parler avec tes parents et de consulter un médecin spécialiste de la nutrition ou un diététicien. Vous ferez ensemble un point sur ton alimentation et il te donnera des conseils adaptés à ton âge, ta croissance et ton mode de vie.

Brigitte Coudray,
diététicienne

LES ASTUCES DE JULIE

JE SUIS TROP MAIGRE

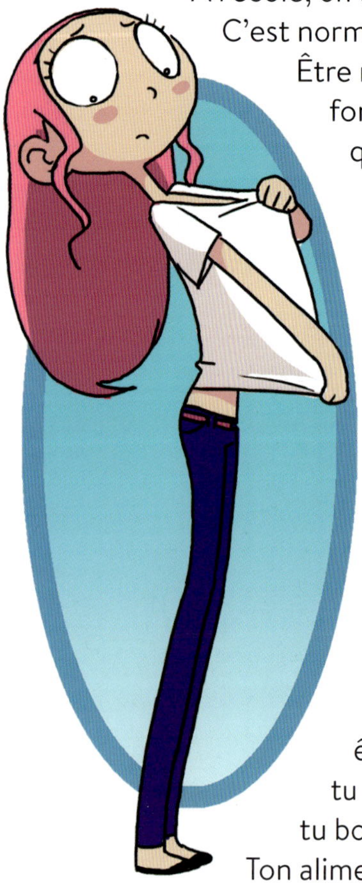

À l'école, on te surnomme « fil de fer » ? C'est normal que cela te blesse. Être maigre, ce n'est pas forcément plus facile à vivre que d'être ronde ! Mais te goinfrer n'est pas une solution !

Prends deux personnes différentes, qui mangent exactement la même chose, en même quantité : l'une va prendre du poids, l'autre non ! C'est comme ça : on n'est pas tous égaux devant l'assiette. Certains éliminent plus que d'autres. C'est peut-être ton cas. Ou alors, tu grignotes tout le temps et tu boudes les repas principaux. Ton alimentation est destructurée, il faudrait la revoir.

L'avis de l'expert

L'essentiel, c'est ce que tu ressens, toi.

Tu as toujours été maigre et pourtant tu manges correctement ? Tu te sens en forme ? Alors, sois tranquille : tu es normale ! Pour avoir l'air moins menue, tu peux pratiquer un sport qui te plaît. Il permettra de te muscler et d'arrondir ta silhouette.

Attention, être maigre à l'excès peut être mauvais pour la santé : on grandit moins vite et moins bien. En cas de doute, parles-en à ton médecin.

Brigitte Coudray, diététicienne

@Chloé, 12 ans

Moi aussi je suis très maigre. Varie ton alimentation, fais 4 repas par jour et mange beaucoup de féculents.

@Soraya, 13 ans

Bienvenue au club ! Et si tu adoptais le look « skateuse » ? C'est super ces habits larges, jolis, et on est bien dedans !

@Anna, 11 ans

Porte des hauts ou des pantalons avec des bandes horizontales ou du blanc. Évite les vêtements extra-moulants, tu paraîtras moins maigre.

AS-TU DE BONNES HABITUDES ALIMENTAIRES ?

Sais-tu bien te nourrir ? C'est ce qu'on va voir !

1 Au petit déjeuner, tu avales...

2 Un bol de céréales (ou de chocolat avec tartines) et un jus de fruits.
1 Des gâteaux.
0 Rien, tu n'as jamais faim !

2 Tu consommes des légumes verts :

1 Un jour sur deux, avec plein de beurre dedans.
0 Quand on t'y force. Tu préfères les frites...
2 Presque à tous les repas, tu adores ça.

3 Quand tu cales devant ton assiette trop pleine...

2 Tu t'arrêtes. Sinon, tu auras mal au cœur.
0 Tu la finis, quitte à sortir de table l'estomac bourré.
1 Tu avales encore quelques bouchées.

4 Tu goûtes plutôt :

2 Assise à table, en prenant ton temps.
1 Debout dans la cuisine, en mâchant vite ta tartine.
0 Devant la télé, les yeux fixés sur l'écran.

5 En dehors du collège, tu fais du sport...

1 De temps en temps le week-end.
0 Le moins possible, tu es allergique à l'effort !
2 Régulièrement : tu as besoin de te bouger !

De 0 à 3 points : hum ! hum...
Sauter des repas, te gaver de gâteaux... c'est sûr, manger sain ne t'intéresse pas vraiment.
Résultat : ton alimentation est complètement déséquilibrée !
Pour rester en forme, fais plutôt un goûter, trois vrais repas équilibrés et un peu de sport. D'accord ?

De 4 à 7 points : pas mal !
Les règles de base d'une bonne alimentation, tu les respectes.
Mais parfois, il t'arrive de les oublier pour te bourrer de bonbons.
Continue de satisfaire ta gourmandise... avec modération (et évite de grignoter entre les repas) !

De 8 à 10 points : bravo !
Ce n'est pas toi qui avaleras n'importe quoi ! Très attentive à ce que tu mets dans ton assiette, tu as une excellente hygiène alimentaire.
N'hésite pas à t'autoriser quelques écarts : te nourrir doit rester un plaisir !

Test de Julie Got

LES ASTUCES DE JULIE

3 ASTUCES POUR UNE PEAU DE PÊCHE

Pour préserver la peau de bébé zéro défaut de ton visage, adopte les bons gestes !

1. Opération débarbouillage

Nettoie ton visage tous les jours pour ôter petites peaux mortes et saletés. Mais pas n'importe comment ! La peau est fragile : traite-la avec douceur. Le bon geste ? Mouille d'abord ton visage, puis fais mousser un peu de savon doux dans tes mains et masse délicatement. Ensuite, rince bien puis tamponne avec une serviette pour sécher.
Ne frotte pas, cela irrite la peau. Si ta peau a tendance à rougir ou à tirer, utilise plutôt un pain, moins agressif. Et évite le gant de toilette : c'est un vrai nid à microbes ! Pour la même raison, préfère plutôt les savons et pains liquides.

2. De la crème… quand il faut !

Inutile de te tartiner de crème ou d'aller au spa te faire faire un « soin visage ». À ton âge, tu n'en as pas besoin ! Si tu n'as pas de problème particuliers (eczéma, acné…), ta peau est un peu grasse. C'est parfaitement normal. Mais si tu rajoutes de la crème, tu risques de tout détraquer, voire de provoquer des allergies. Bien sûr, si tu t'exposes au soleil ou si tu te balades à la montagne, crème solaire obligatoire !

3. Mange, dors, bois !

Ta peau est le reflet de ta santé. Si tu manques de vitamines, si tu ne dors pas bien ou si tu ne bois pas suffisamment, ça se verra ! Conclusion : mange de tout, bois avant d'avoir soif et repose-toi. Au fait, fumer rend la peau grisâtre. Une bonne raison pour dire non !

J'AI PLEIN DE BOUTONS. QU'EST-CE QUI M'ARRIVE ?

Tu grandis ! Responsable, le sébum, un corps gras naturel qu'on fabrique tous et qui sert à protéger la peau en lui évitant de se dessécher. Le problème, c'est qu'à la puberté, on en produit plus ! Résultat : la peau devient plus grasse et les pustules et les points noirs s'installent, donnant parfois naissance à un beau bouton.

C'est ce qu'on appelle l'acné, qui se manifeste surtout sur le visage. 80 % des jeunes sont concernés. Mais ce phénomène sera plus ou moins violent suivant les individus. C'est comme ça : on est programmé depuis la naissance. Les peaux sèches et fines, par exemple, seront moins touchées.

Dernier point : sache que l'acné n'est pas contagieuse et ne veut pas dire non plus que tu es sale ! Enfin, même si aucun lien avec les habitudes alimentaires n'est encore vraiment prouvé, adopte une alimentation saine et équilibrée.

L'avis de l'expert

Il n'existe pas de traitement pour empêcher l'apparition des boutons à la puberté. Cependant, tu peux en limiter les effets en nettoyant ton visage matin et soir avec un savon adapté. Rince bien puis sèche avec une serviette, sans frotter. C'est aussi efficace que les produits spéciaux qu'on te vend un peu partout, et beaucoup moins cher…

Surtout, ne perce pas tes boutons : tu risques de voir empirer le phénomène et de provoquer des cicatrices. Si ton acné devient envahissante, consulte ton médecin traitant ou un dermatologue. Ils te prescriront les médicaments appropriés si nécessaire. Il faudra t'armer de patience car ces traitements demandent du temps pour agir. Dernier point : la cigarette a un effet aggravant…

Gérard Lorette, dermatologue

BON À SAVOIR

4 ASTUCES POUR UNE CHEVELURE DE REINE

Pour arborer des cheveux en pleine forme, c'est facile. Il suffit d'avoir les bons gestes…

1. Je les brosse 2 fois par jour

Ça enlève poussières et autres saletés. Bon débarras ! Ta chevelure respire enfin. N'oublie pas de nettoyer régulièrement ta brosse ou ton peigne.

2. Je shampouine efficace

Sais-tu que shampooing est un mot d'origine indienne qui signifie « masser » ? Alors, vas-y en douceur ! D'abord un petit coup de brosse. Puis de l'eau, une noisette de produit et c'est parti : malaxe doucement ton crâne les mains bien à plat.
Enfin, le rinçage. Veille à éliminer tout le shampooing sinon tes cheveux seront ternes. Et inutile de répéter l'opération.
Tu te demandes quelle fréquence adopter ? Tout dépend de ton mode de vie. Si tu habites en ville et que tu joues souvent dehors, tu auras la tête sale plus vite. Merci la pollution ! Utilise un shampooing normal ou à usage fréquent.
Sache quand même qu'à la puberté, les cheveux ont tendance à devenir plus gras.

3. Je sèche en douceur

L'idéal ? À l'air libre. Sinon, le truc, c'est d'absorber le plus d'eau possible avec la serviette. Mais sans frotter ! Et si tu choisis le sèche-cheveux, règle ton appareil sur le mode tiède.

4. Je respire

On perd naturellement environ une centaine de cheveux par jour. Alors, inutile de paniquer à chaque mèche qui tombe ! Méfie-toi quand même des accessoires de coiffure qui serrent trop les cheveux car ils les abîment et les cassent.

BON À SAVOIR

JE SUIS POILUE, JE N'OSE PLUS ME METTRE EN JUPE

Tu peux remercier nos lointains ancêtres qui étaient des animaux velus ! On compte jusqu'à 5 millions de poils sur presque tout le corps !
Si tu ne les vois pas tous, c'est parce que certains sont très fins. Autrefois, ils protégeaient surtout du froid et du soleil.
Mais aujourd'hui, tu as décidé de leur déclarer la guerre. Pourtant, dans certains pays comme au Pérou, les jambes de yeti, ça ne choque personne ! Bon, tu ne vas pas déménager pour ça.

Si vraiment, tu n'aimes pas avoir des poils, il existe plusieurs méthodes, chacune avec ses avantages et inconvénients. En fait, tout dépend de l'importance de ta pilosité. Prends conseil autour de toi (ta maman, tes copines...). Mais attention, une fois que tu commences, tu devras le refaire souvent !

L'avis de l'expert

À la puberté, sous l'action des hormones, des poils vont apparaître sous tes aisselles et autour de ton sexe. Sur les autres parties du corps, en particulier sur les jambes, ils vont s'épaissir et foncer. C'est pour ça que tu les remarques. Mais chacune est différente. Tout dépend des éléments que tes parents t'ont transmis à ta naissance. Les brunes à la peau mate, par exemple, sont souvent plus poilues. Il s'agit rarement d'une maladie, mais plutôt d'un aspect particulier. Si tu es vraiment complexée par ta pilosité, consulte un dermatologue qui pourra te conseiller.

Gérard Lorette, dermatologue

@Chloé, 13 ans

J'ai testé la cire. Ça repousse lentement mais franchement, ça fait trop mal !

@Julie, 11 ans

Le rasoir, on peut se couper. Les crèmes, faut recommencer souvent. La cire, ça fait mal. Tant pis ! Je reste avec mes poils. On verra quand je serai plus grande.

SOS JULIE

JE TRANSPIRE BEAUCOUP ET ÇA SE VOIT

Heureusement que tu transpires ! C'est le signe que ton corps fonctionne bien. Grâce à ce procédé, il maintient sa température à 37 °C et te rafraîchit naturellement. Dès que le thermomètre grimpe ou que tu as une activité physique intense, les glandes à sueur entrent en action : de minuscules gouttes d'eau mêlées de sel perlent sous tes aisselles, dans ton dos... À l'origine, elles ne sentent rien : ce sont les bactéries présentes naturellement à la surface de la peau qui leur donnent une si mauvaise odeur. On élimine ainsi environ un demi-litre d'eau par jour, par évaporation. Mais à la puberté, le phénomène s'amplifie. De nouvelles glandes sudoripares, jusque-là endormies, se réveillent.
Impossible d'éviter ces désagréments mais voici quelques trucs pour limiter les dégâts. D'abord, respecte une hygiène parfaite : savonne-toi tous les jours et sèche-toi bien. L'été, bannis les matières synthétiques qui empêchent la peau de respirer et les vêtements sombres qui absorbent la chaleur. Si tu es vraiment gênée, tu peux utiliser un déodorant. Il masquera ces odeurs que tu juges désagréables.

@Anaïs, 10 ans

Si c'est pour l'odeur, il existe des déodorants en stick, à bille ou en vaporisateur. Mais choisis plutôt un sans alcool, ça abîme moins la peau.

@Leslie, 11 ans

La transpiration, c'est trompeur. On croit qu'il fait chaud, on se découvre et on attrape mal ! Pour te rafraîchir, bois beaucoup d'eau, mais pas trop froide.

@Émilie, 13 ans

Si tu as des poils sous les bras, enlève-les car ça peut augmenter la transpiration.

J'ARRÊTE PAS DE ME RONGER LES ONGLES !

Bienvenue dans le club des onychophages ! Comme un enfant sur trois à ton âge, tu t'acharnes sur tes ongles. C'est dommage… Sais-tu qu'ils peuvent être très bavards ? En effet, leur apparence en dit long sur ta santé et sur ta personnalité. Rien qu'en les observant, un médecin peut savoir, par exemple, si tu manques de certaines vitamines.

Dans ton cas, tu caches certainement un tempérament un peu anxieux. D'autres tortillent une mèche de cheveux ou craquent sur le chocolat, toi, tu mordilles ! Chacun son truc ! Même les adultes ont leurs petites manies !

Pour te débarrasser de cette mauvaise habitude, essaie de trouver ce qui t'angoisse et tente d'y apporter une solution. C'est beaucoup plus efficace que n'importe quel vernis amer…

Tu as tout essayé et tes doigts sont toujours dans un piteux état ? Tu as peut-être besoin qu'on t'aide. Parles-en à ton médecin.

@Zoé, 10 ans

Coupe-toi les ongles dès qu'ils sont un peu longs. Tu n'auras plus rien à ronger !

@Dina, 13 ans

Avant je me rongeais les ongles. Mais depuis que je m'occupe d'eux en les limant, en mettant du vernis…, ils sont si beaux que je n'ai pas envie de les abîmer !

@Julia, 8 ans

Mets de l'oignon sur tes ongles. L'odeur et le goût te couperont l'envie de les ronger !

BON À SAVOIR

FOIRE AUX ASTUCES

☆ Pour avoir la peau douce, fais-toi un masque de beauté très simple. Prends deux abricots et un peu d'huile d'olive. Mixe le tout et applique cette préparation sur ton visage pendant 15 minutes. Attention, reste allongée pour ne pas en mettre partout !

Rachel, 12 ans

☆ Pour les cheveux, le jus de citron, c'est génial. J'en rajoute quelques gouttes au rinçage. Ça fait les cheveux brillants !

Lucie, 12 ans

☆ J'ai souvent des cernes alors ma mamie m'a donné un super truc : on pose des sachets de thé glacés sur les yeux ou le dos d'une cuillère qu'on a laissée quelques minutes au frigo. Ça fait un bien fou !

Aurélie, 11 ans

☆ Pour terrasser les boutons, j'ai une super recette : pèle un avocat, presse un demi-citron et rajoute un peu d'eau. Écrase le tout et étale bien sur ton visage. Laisse reposer 10 minutes puis rince à l'eau. C'est une astuce de ma maman, dermatologue, à utiliser si tu n'es pas allergique à l'avocat.

Pauline, 13 ans

☆ Quand je ne peux pas me laver les dents, je mâche un chewing-gum sans sucre. Il paraît que ça fait plus saliver. Et justement, la salive, c'est une sorte d'autonettoyant pour les dents !

Ryme, 10 ans

☆ Pour être en forme, le matin, avant de me lever, je m'étire dans mon lit. Je tends les pieds et les bras très fort. Puis je bois un grand verre d'eau et je saute du lit. Après, j'ai une pêche d'enfer !

Chloé, 10 ans et demi

QUELLE DORMEUSE ES-TU ?

Respectes-tu tes besoins de sommeil ? Fais le point !

En te couchant à 21 h 30, tu te lèveras naturellement…

- ☆ À l'aube, vers 6 heures.
- ☆ Vers 7 heures, comme d'habitude.
- ☆ Pas avant 8 heures.

Résultats

Ta réponse à la question ci-contre donne ton profil de dormeuse : il te « suivra » pendant toute ta vie. Pour rester en forme, tu dois le respecter !

	Temps de sommeil…
☆ petite dormeuse	Moins de 9 heures.
☆ dormeuse « moyenne »	Entre 9 et 10 heures.
☆ grosse dormeuse	Plus de 10 heures.

1 Dring, ton réveil sonne !

- ♡ Tu le hais ! Ta seule envie : dormir encore…
- ☺ Hop, tu sautes de ton lit !
- 👻 Tu grappilles un quart d'heure

2 L'après-midi à l'école…

- 👻 Tu ferais bien la sieste.
- ♡ Tu piques du nez sur ton cahier.
- ☺ Tu restes concentrée et attentive.

3 Le film du soir a à peine commencé que tes yeux se ferment…

- ☺ Inutile d'insister, tu files au dodo.
- 👻 Avachie sur le canapé, tu le suis en pointillé.
- ♡ Tu te pinces pour ne pas t'endormir.

4 Quand ta mère t'envoie te coucher tôt :

- ♡ Tu lis en cachette jusqu'à minuit.
- ☺ Tu obéis. Passé 21 heures, tu dors debout !
- 👻 Même crevée, tu râles.

Max de ♡ : décalage complet

Le soir, il faut te traîner au lit ! Jamais prête à aller te coucher, tu ignores les messages d'alerte que t'envoie ton corps. Du coup, tu accumules une sacrée dose de fatigue. Allez, au dodo !

Max de 👻 : léger retard en vue

D'accord, tu ne te sens pas exténuée en ce moment. Mais bon, tu n'as pas la super pêche non plus ! Pour recharger tes batteries, une solution : dormir un peu plus, et surtout plus tôt.

Max de ☺ : le bon rythme

Marcher au radar, tu détestes ! Le secret de ta forme éclatante est simple : quand tu te mets à bâiller, tu vas direct au lit. Et le lendemain, tu es fraîche comme une rose. Ne perds pas tes bonnes habitudes !

Test de Julie Got

SOS JULIE

J'ARRIVE PAS À M'ENDORMIR

Si on consacre quasiment un tiers de notre vie à cette activité, ce n'est pas pour rien ! Quand tu dors, ton corps et ton cerveau récupèrent.
En même temps, tu grandis, grâce à « l'hormone de croissance », une substance chimique sécrétée par ton organisme. Côté cerveau, tu tries et archives les informations de la journée. Quant aux rêves, ils te permettent d'évacuer les souvenirs désagréables. Pour t'endormir facilement, crée un petit rituel du coucher : un bon livre, une page dans ton journal, un bain chaud… En revanche, si ton sommeil est perturbé, peut-être cela cache-t-il une raison médicale. Consulte un médecin.

L'avis de l'expert

Les soucis ou ton imaginaire qui te joue des tours dans le noir peuvent perturber ton sommeil. Mais le plus souvent, tu es victime de mauvaises habitudes. Tu luttes contre les signes d'endormissement que t'envoie ton corps, et tu te couches trop tard. Mauvais calcul !
Le manque de sommeil entraîne des difficultés d'attention, de mémorisation…

Adopte une bonne hygiène de vie, couche-toi à heures régulières et tout rentrera dans l'ordre. À ton âge, tu as besoin d'environ 9 heures, 9 heures et demie de sommeil.

Urbain Calvet,
médecin spécialiste
du sommeil des enfants

@Joséphine, 9 ans

Mets de la musique, parle toute seule, chante une chanson douce dans ta tête, ou demande à tes parents d'éteindre la lumière une fois que tu es endormie.

@Estelle, 12 ans

Si tu as peur, colle des étoiles phosphorescentes au plafond et utilise un réveil lumineux.

MENU SOPORIFIQUE

Pour bien dormir, il te faut...

30 à 40 minutes de calme

Oublie télé, jeux vidéo ou courses-poursuites avec les frères et sœurs. Toutes ces activités excitent et ne favorisent pas l'endormissement. Préfère plutôt un livre, de la musique douce ou, pourquoi pas, quelques exercices de relaxation. Une seule règle d'or : te dé-ten-dre !

Un zeste d'attention

Ne laisse pas passer les signes de fatigue. Tes yeux picotent ? Tu bâilles sans arrêt ? Tes paupières sont lourdes ? C'est le moment ! Si tu attends trop, il te faudra patienter jusqu'au prochain cycle. En général, seulement 1 heure 30 à 2 heures plus tard...

4 louches de légèreté

Un repas trop lourd gêne le sommeil : il risque de déranger ton estomac, et toi avec ! Évite aussi les cocktails toniques comme les sucreries ou les sodas. Préfère plutôt un peu de lait, une tisane ou un grand verre d'eau. Et si tu peux, couche-toi au moins 2 heures après avoir mangé. Ce sera plus facile de trouver le chemin des rêves...

100 grammes de paix

Évacue les soucis qui te tracassent en les évoquant avec quelqu'un, tes parents ou ton grand frère par exemple. Tu peux aussi les écrire dans ton journal intime. Tu seras plus légère pour t'endormir.

3 cuillères de douceur

Un pyjama moelleux, des teintes pastel au mur, voilà qui crée une ambiance apaisante. Au fait, la température idéale dans une chambre, c'est 18 degrés. Alors, si tu as froid, rajoute une couverture au lieu de monter le chauffage.

BON À SAVOIR

LA VÉRITÉ SUR L'APPAREIL DENTAIRE

Halte aux peurs ! Démêle le vrai du faux.

Ça fait horriblement mal

FAUX

Il ne faut pas exagérer ! C'est vrai, cela peut être douloureux, mais cela n'a rien d'insupportable, rassure-toi ! À la pose de l'appareil, rien à signaler. Quelques heures après, on est un peu gêné, ça tire, c'est un peu difficile pour manger… Même chose lorsque le dentiste en réajuste la pression, toutes les trois à cinq semaines. Mais au bout de trois ou quatre jours, ces petites douleurs disparaissent ! En fait, c'est variable selon ton seuil de tolérance. Certaines personnes ne se nourrissent que de soupes pendant une semaine, alors que d'autres ne sentent presque rien !

C'est la honte !

FAUX

Maintenant, même les plus grandes stars osent afficher leur sourire de fer. Après tout, si tu portes un appareil, c'est pour avoir de belles dents plus tard !

@Manon, 13 ans

Au début, je ne pouvais même pas mordre dans une brioche car ça me faisait mal ! Mais au bout d'une semaine, plus rien ! J'ai aussi une amie qui a des élastiques violets à ses bagues, c'est très joli.

C'est contraignant

VRAI

Ah ça, c'est sûr : ton hygiène dentaire doit être plus que parfaite ! En effet, si tu n'élimines pas les déchets

BON À SAVOIR

alimentaires qui se coincent dans ton appareil, tu risques d'avoir plein de soucis. Brossage minimum deux fois par jour ! Pour manger aussi, il faut faire attention. Si c'est un appareil amovible, on l'enlève. Et avec les bagues, il vaut mieux éviter les aliments qui collent ou qui sont durs. Adieu chewing-gums, caramels... Sinon les plaquettes se décollent et le traitement dure plus longtemps.

On ne voit plus que ça

FAUX

« Que ça », c'est un peu fort ! C'est sûr, difficile de dissimuler le fil ou les plaquettes. Mais regarde autour de toi : tu es loin d'être la seule dans ce cas ! Peut-être que ça ne te console pas, mais voilà plein de personnes susceptibles de te donner des conseils ou de te rassurer ! Et puis aujourd'hui, il existe des appareils très discrets, voire invisibles. Attention, ils sont souvent plus chers. Tout dépend de ton problème de dents. Discutes-en avec tes parents et avec ton orthodontiste.

C'est long

VRAI

Il faut compter en moyenne deux ans, quel que soit ton problème. Plus encore au moins un an avec un appareil de nuit pour consolider le tout. Une dent, ça ne se corrige pas comme ça ! Il lui faut du temps, car c'est tout son environnement (os, gencives, ligaments...) qui bouge avec elle.

Ça gêne pour embrasser un garçon

FAUX

Qui t'a raconté ça ? Il n'y a aucune contre-indication. Ne commence pas à imaginer décharges électriques ou fils coincés !

@Marie, 12 ans et demi

Ça ne se voit pas tant que ça et puis, mon copain ne s'est jamais plaint quand je l'embrasse...

@Agathe, 10 ans

Il ne faut pas avoir peur ! Aujourd'hui, les dentistes ne sont plus les mêmes. Ils te rassurent, sont sympathiques et répondent à toutes tes questions !

@Sonia, 10 ans

J'avais super peur quand j'en ai eu un, mais maintenant qu'on me l'a enlevé, j'ai des dents super !

LES ASTUCES DE JULIE

CIGARETTES : COMMENT DIRE NON !

On te propose de fumer ? Ne tombe pas dans le piège !

Être adulte, c'est savoir dire non

« Avant 18 ans, la loi interdit aux buralistes de te vendre du tabac et des cigarettes électroniques. À tes yeux, fumer, c'est donc un privilège « de grand ». Conclusion : tu penses que pour avoir l'air plus mûre, il suffit de sortir son paquet. Raté ! Avoir une cigarette aux lèvres ne va pas te faire grandir d'un coup de baguette magique. Avoir le courage de dire non, ça, c'est un comportement d'adulte !

J'aime pas être manipulée !

Pour les industriels du tabac, le consommateur de demain, c'est toi ! Car le problème avec les fumeurs, c'est qu'ils vivent moins longtemps. Il faut bien les remplacer… Et toi, tu fais un client parfait : la plupart des fumeurs d'aujourd'hui ont commencé à l'adolescence, voire dans l'enfance. Et après, tu le vois, c'est difficile d'arrêter. Alors, pour te recruter, ils avancent masqués : ils essaient de donner une image positive des fumeurs, par exemple dans les films au cinéma, en payant pour que le héros, si sympa, fume ! Quant à la cigarette électronique, méfiance. Des études montrent qu'elle favoriserait, chez les ados, l'entrée dans le tabagisme. Ne te laisse pas faire !

Je ne veux pas d'une haleine de chacal, d'un teint de papier mâché et de dents jaunes !

C'est exactement ce qui t'attend si tu deviens fumeuse. Et encore, on ne te parle pas des effets

☆ CE QUE DIT LA LOI

Depuis le 1er février 2007, fumer est interdit dans de nombreux lieux publics, notamment ceux que tu fréquentes (écoles, centres sportifs…). En janvier 2008, cette interdiction s'est étendue aux restaurants, discothèques et bars. Ceux qui ne respectent pas la loi risquent de lourdes amendes.

@Caroline, 9 ans

Le père d'une copine a failli mourir parce qu'il fumait trop. Maintenant, tous les mois, il va à l'hôpital pour qu'on lui pose des tuyaux. C'est horrible ! Alors moi, je ne commencerai jamais !

sur le cœur, les poumons ou les artères. C'est simple, tu prends moins de risques en traversant la rue qu'en allumant une cigarette ! À chaque bouffée inhalée, le menu est particulièrement appétissant : cyanure, formol, acétone, ammoniac... Regarde dans un dictionnaire, ce sont de vrais poisons ! En tout, une cigarette contient plus de 4 000 substances.

@Cindy, 13 ans

En 6e, j'ai fait une énorme bêtise en commençant (je voulais frimer) et maintenant, je ne peux plus m'arrêter ! Tout mon argent de poche y passe !

Je préfère être libre

Les fumeurs te l'affirment : grâce à la cigarette, ils se sentent plus « cool », libérés, détendus... Ils ont tout faux ! Au début, c'est vrai, ils éprouvent peut-être du plaisir, notamment grâce à la nicotine. Cette substance atteint le cerveau en 20 secondes et stimule une zone qui déclenche des sensations agréables. Mais en quelques heures, les effets se dissipent. Le fumeur devient nerveux, irritable : il a besoin d'une autre cigarette. Le voilà piégé ! Il ne peut plus se passer de tabac. De plus, de récentes études montrent que, chez certains jeunes, la dépendance peut s'installer dès 2 cigarettes par semaine !

QUI ES-TU ?

Quelle personnalité se cache derrière ce visage ?
Pas facile de répondre ! Pars pour le plus fabuleux des voyages : la découverte de toi-même !
Quels sont tes défauts, tes qualités, tes rêves secrets... ?
Toutes les réponses dans ce chapitre !

TESTE-TOI

AS-TU UNE BONNE IMAGE DE TOI ?

Mesure l'importance que tu t'accordes.

1 Le matin, devant la glace, tu te dis :

A Oh ! là, là ! c'est moi ce truc ?
B Tiens, c'est pas un bouton, ça ?
C Tu ne dis rien. Tu souris.

2 À l'école, la star, c'est Zoé.

A Tu ne la regardes jamais, ça te déprime.
C Zoé, c'est toi.
B Tu l'observes et tu copies ses trucs beauté.

3 Tu as un gros chagrin d'amour :

B Tu appelles Lola à la rescousse.
C Ça ne dure pas. Il ne te méritait pas, c'est tout.
A Tu ne vois pas qui pourrait te remonter le moral.

4 Léa a « oublié » de t'inviter à son anniversaire.

C C'est comme ça ? Tu organises une fête pour le mercredi suivant… sans Léa, bien sûr !
A Normal, tu n'es pas marrante.
B Tu l'appelles pour avoir une explication.

5 Zut ! Une mauvaise note au dernier contrôle :

B Tu vas voir le prof pour qu'il t'explique tes erreurs.
A Normal, tu es nulle.
C Tout le monde le sait : ce prof est super sévère.

Majorité de C : attention, te voilà !

Le doute ? Tu ne connais pas ! Tu as une excellente image de toi-même. Bravo ! Une telle confiance en toi te fera franchir des montagnes ! Mais attention : ne sombre pas dans l'excès. Croire en soi, c'est bien, être orgueilleuse, c'est moche.

Majorité de B : bien dans tes baskets

Tu es sur la bonne voie. Tu t'aimes suffisamment pour t'apprécier à ta juste valeur sans nier tes faiblesses. Félicitations ! Avoir ainsi confiance en toi t'aidera toute la vie.

Majorité de A : apprends à t'aimer

Mais pourquoi es-tu si dure avec toi-même ? Tout le monde a des défauts et des qualités ! Sache reconnaître les tiens et cesse de ne voir que le mauvais côté des choses.

Test de Séverine Clochard

JE ME TROUVE MOCHE ET NULLE

Eh bien, dis donc, tu n'es pas gâtée ! Tu ne serais pas un peu sévère avec toi-même ? Personne n'est parfait. On a tous des défauts... mais aussi des qualités ! Oui, même toi ! Tu en doutes ? Pose la question autour de toi : qu'apprécient tes copines chez toi ? Qu'aiment tes parents en toi ? Et note bien ce qu'on te dit. Alors, le tableau est-il si noir ? Et puis, la beauté, qu'est-ce que c'est ? Un rapide sondage autour de toi te montrera que tout le monde n'en a pas la même définition. Peut-être te juges-tu « moche » parce que tu aimerais ressembler aux filles des magazines. Et tu désespères parce que tu as du mal à t'approcher de cette image. Ne sois pas si exigeante et arrête de te comparer aux autres !

L'avis de l'expert

On est rarement satisfait de soi. Entre celle qu'on voudrait être et la réalité, il y a toujours un décalage. Ce qui est difficile, c'est de s'accepter telle que l'on est. C'est encore plus dur si, à la maison, on te répète des phrases comme « Que tu es bête ! » ou autres gentillesses.

Pour t'en sortir, concentre-toi sur ce que tu réussis, développe tes atouts. Tes « défauts » te paraîtront moins lourds à supporter.

Sylvie Companyo, psychologue

@Marine, 10 ans

Si tu ne t'aimes pas physiquement, tu peux essayer de revoir ton look ou ta coupe de cheveux.

@Samia, 10 ans

Ça m'arrive, à moi aussi, de me sentir nulle et moche. Mais je me dis qu'il n'y a pas que la beauté qui compte, il y a aussi la personnalité.

@Laurie, 12 ans

Comme beaucoup de gens, il m'arrive de ne pas me plaire. Mais au fond, « mes défauts », c'est une partie de ce que je suis. Et puis mes copines m'aiment comme ça, alors...

BON À SAVOIR

FAIS LA PAIX AVEC TOI-MÊME

Opération séduction ! Comment t'apprécier enfin à ta juste valeur.

Écoute tes désirs

Tu veux qu'on t'aime. Normal. Mais tu cherches tellement à plaire aux autres que tu oublies le principal : te plaire à toi ! Pourtant, il n'y a aucun mal à penser un peu à soi, au contraire. Apprends à dire non, à défendre tes idées... sans te sentir coupable.

N'oublie pas tes succès

Tout rater dans la vie, c'est impossible ! Toi aussi, tu possèdes forcément ta petite collection de succès : l'exercice de maths réussi qui t'avait demandé tant d'efforts, l'oiseau blessé que tu as sauvé, le merci de Julie que tu as aidée... Alors, oui, tu as des talents ! Et si tu les notais pour éviter qu'ils ne tombent aux oubliettes ?

Accepte-toi telle que tu es

Oui, c'est vrai, tu as quelques défauts. Comme tout le monde. Et alors ? Est-ce que tu es inintéressante pour autant ? Regarde ta copine Mélissa. Elle a un sale caractère, pourtant tu l'adores ! Ne cherche pas à ressembler à tout prix à un soi-disant modèle de perfection. Tu n'y arriveras

@Marion, 11 ans

> Les complexes trahissent notre angoisse de ne pas être à la hauteur. Mais ils sont souvent le fruit de notre imagination car personne n'est parfait. Et puis, ce qui déplaît chez soi peut plaire à d'autres !

@Pauline, 13 ans

> Chacun est comme il est ! Et si je me surprends à me regarder bizarrement dans le miroir, je me dis que mes amis m'aiment comme je suis et c'est ça le plus important.

pas ! Tu seras toujours insatisfaite. Alors cesse de te juger en termes négatifs et n'aie pas peur de décevoir ceux qui t'aiment. Ils continueront de t'aimer malgré tout. Chercher à t'améliorer, très bien. Mais ne place pas la barre trop haut, d'accord ?

BON À SAVOIR

Prends soin de toi

Fais-toi du bien : autorise-toi à soigner ton apparence. Vouloir être jolie, c'est naturel ! Pense aussi à te récompenser de temps en temps en t'offrant ce bijou dont tu rêvais depuis longtemps, par exemple, ou en te complimentant toi-même pourquoi pas ?

@Coline, 12 ans

> Quand je doute, je pense à ce qu'on m'a dit de bien et, finalement, je ne me trouve pas si mal !

@Hanaé, 10 ans

> On est toutes pareilles : on se trouve toujours pas assez ceci ou cela. Il suffit de chercher un peu. Et même si on nous fait des compliments, on ne veut pas les croire ! Je pense que c'est ça la pire chose en nous.

LES ASTUCES DE JULIE

POSITIVE TES DÉFAUTS

Tords-leur le cou une bonne fois pour toutes !

Tes « défauts » aussi, c'est toi

D'abord, une petite mise au point. Ce que tu nommes « défauts » compose ton physique et ta personnalité. Ils font partie de toi et participent de te rendre unique. Maintenant il te reste à corriger tes traits de caractère un peu forcés, pour que tu sois vraiment bien dans ta peau.

Question de point de vue ! Tu te juges trop sensible ? C'est que tu es plus à l'écoute des autres. Pas intelligente ? Se poser la question, c'est déjà faire preuve d'intelligence... Trop bavarde ? C'est parce que tu as plein de choses à dire ! Etc.
Tu vois comment faire ?
Renverse la situation : essaie de voir l'aspect positif. Et si c'est vraiment nécessaire, tu trouveras la parade. Inventer un cahier spécial remarques pour combler ta « trop grande » curiosité par exemple. Ainsi, tu arriveras à être plus objective et tu cesseras de t'inventer des défauts imaginaires.

Repère ceux qui comptent vraiment

Autour de toi, on n'a sûrement jamais remarqué ton « nez de travers » ou ta soi-disant « sensiblerie ». Alors pourquoi, toi, tu ne vois qu'eux ?

L'épreuve de vérité

Maintenant, fais le bilan de tes défauts. Écris-les sur une feuille puis raye ceux qui ne sont pas vraiment importants. Tu vois, il en reste déjà beaucoup moins. C'est contre ceux-là que tu dois lutter pour être en accord avec toi-même.

J'AI MAUVAIS CARACTÈRE

C'est déjà bien de le reconnaître ! Mais qu'entends-tu par là ? Tu boudes pour un rien ? Tu t'énerves assez vite ? Tu es peut-être un peu susceptible… La moindre réflexion et tu pars au quart de tour ! Personne ne te comprend. Tout le monde t'en veut. Tu dois te sentir bien seule. Détends-toi, ce qui t'arrive est très fréquent.
Pourquoi es-tu si grognon en ce moment ? Si tu as des soucis, ne les garde pas pour toi. Plus ils s'accumulent et plus ils te pèsent. Parles-en, tu te sentiras plus légère.

Peut-être aussi que tu as du mal à exprimer tes sentiments. Mais en boudant dans ton coin, tu n'arranges pas vraiment les choses ! C'est normal que tes parents ou tes copines aient des réactions maladroites et te vexent ou te blessent s'ils ne savent pas ce que tu ressens. Si tu ne leur dis rien, ils ne peuvent pas deviner ! Essaie ce truc tout simple : la pancarte à humeur punaisée sur la porte de ta chambre. Un gros nuage noir est plutôt mauvais signe… Ton entourage sera prévenu !

@Olivia, 12 ans

Le mauvais caractère, je connais ! Mais depuis que je suis amoureuse, j'essaie d'être plus douce. Trouve une motivation et tout ira mieux.

@Lou, 10 ans

Ça arrive à tout le monde de s'énerver ! Chacun son caractère. Pour t'aider, écris tes pensées dans un journal.

@Audrey, 10 ans et demi

Quand j'ai envie de piquer une crise, je pense à un truc que j'aime vraiment, ça me calme. Puis je regarde ce qui m'entoure et je me dis : mais pourquoi je m'énerve ? D'autres ont plus de raisons que moi !

SOS JULIE

JE SUIS JALOUSE

Bienvenue au club ! Sais-tu que ce sentiment est largement répandu ? Quand on tient à quelqu'un, on a souvent peur de le perdre et on voudrait le garder pour soi tout seul. C'est normal. Le problème, c'est quand la jalousie devient maladive. La personne aimée peut te dire ce qu'elle veut, tu n'es jamais rassurée ! Tu interprètes le moindre comportement de travers.

Léa discute avec cette vipère de Noémie ? C'est sûr, elles complotent contre toi ! Martin regarde une autre fille ? Ils sortent ensemble ! Stop ! À espionner et contrôler tout ce que fait l'autre, c'est toi-même que tu fais souffrir. Tu doutes qu'on puisse t'aimer puisque tu as toi-même du mal à le faire ! Essaie de croire un peu plus en toi.

Parfois, tu n'es pas vraiment jalouse mais envieuse. Tu rêves secrètement de la place de la première de la classe, par exemple. Ne t'en veux pas d'éprouver ce sentiment. C'est bien connu : « L'herbe est plus verte chez son voisin ! » À petite dose, cela peut même te stimuler : tu vas redoubler d'efforts pour arriver en tête. Mais si tu souffres trop, n'oublie pas que toi aussi, tu as des qualités, alors celles des autres, tu t'en fiches, d'accord ?

@Suzie, 11 ans

Ça arrive à tout le monde d'être jaloux ! Si tu as une copine super populaire, ça se comprend. La prochaine fois que ça t'arrive, pense à ce que tu as, toi. Peut-être que tu verras que tu as des qualités qu'elle n'a pas, elle.

JE PLEURE POUR UN RIEN

Tu es sous le coup d'une émotion très forte ! Rassure-toi : pleurer, c'est très bien. Cela permet de se libérer de la tension nerveuse qu'on a accumulée. Après, on se sent mieux.

Pourquoi ça t'arrive plus souvent en ce moment ? Si tu es en pleine puberté, c'est encore un coup des hormones, qui te rendent hypersensible. À moins que tu ne viennes de vivre un moment difficile : ta copine t'a trahie, ton chien est mort... Sur le coup, tu as voulu être forte. Tu as refoulé tes larmes. Et maintenant, tu craques.

Tu es aussi en train de quitter le monde de l'enfance et cela te fait peut-être un peu peur. Alors tu as envie de revenir en arrière et tu t'exprimes comme les bébés. Ce n'est pas grave ! C'est normal de vouloir être chouchoutée à ton âge. Mais n'en abuse pas. Il ne faudrait pas que tes pleurs deviennent un prétexte. C'est toujours mieux de mettre des mots sur ses sentiments.

L'avis de l'expert

À ton âge, tu vis les choses de manière très intense, tes joies comme tes peines. Avec le temps, les choses s'apaiseront. En revanche, si tu n'as plus goût à rien, si tu as du mal à dormir et que tu pleures souvent, tu es peut-être déprimée. Parles-en à un adulte.

Sylvie Companyo, psychologue

@Kenza, 12 ans

Etre sensible, ce n'est pas un défaut ! Il vaut mieux pleurer pour un rien qu'avoir un coeur de pierre.

@Julie, 11 ans

Moi, je suis un peu comme toi. Quand quelqu'un me pose une question embarrassante, j'ai les larmes aux yeux parce que je ne sais pas quoi répondre. C'est une question de timidité, je crois. Courage, ça passera avec le temps !

LES ASTUCES DE JULIE

10 ASTUCES ANTI-COUPS DE BLUES

Comment te regonfler le moral en deux temps, trois mouvements !

Ne reste pas seule

Tu vas broyer du noir ! Appelle les copines à la rescousse, propose à ta famille de faire un jeu de société... Bref, tourne-toi vers les autres.

Stoppe la morosité

Dédramatise ! Oui, tu t'es disputée avec ta copine. Oui, la pyjama-party pour samedi, c'est foutu. Pour le moment, tu trouves ça épouvantable. Mais tu survivras, comme toujours. Au lieu de te lamenter (ce qui ne te servira à rien), positive : pour ta copine, par exemple, il y a sûrement un moyen de vous réconcilier...

@Alice, 13 ans

> Si j'ai le blues, je me concentre sur une activité que j'aime bien. Comme ça, j'oublie mes problèmes !

@Lola, 10 ans

> Quand ça va pas, je vois mes copines, je promène le chien, j'écoute de la musique...

Défoule-toi

Tu es triste, en colère, malheureuse ? Engage un combat de boxe avec ton oreiller, danse à perdre haleine sur ta musique préférée, sors et pousse un grand cri de rage... Ça fait un bien fou, non ?

Fais un concours de grimaces

Plante-toi devant le miroir et fais-toi des grimaces. Tu te sens ridicule ? Invite une copine ou même toute la famille à participer. Dans 5 minutes, fous rires garantis !

LES ASTUCES DE JULIE

Relis ton pense-bête « remonte-moral »

Oui, celui où tu notes chacun des compliments qu'on te fait au fur et à mesure : les félicitations du prof, quand Tom t'a dit que tu avais des idées super... Et oui, tu es une fille géniale !

Mets des couleurs

OK, c'est pas la joie à l'intérieur. Mais si en plus tu portes des vêtements sombres, tu n'es pas près de remonter la pente ! Alors, troque le noir pour du jaune, de l'orange, du vert anis...

Offre-toi une tranche de rire

Il y a bien dans la maison quelques films, livres ou bandes dessinées comiques ? Fais-en une indigestion !

Oxygène-toi

Rien de tel qu'une petite balade en pleine nature pour oublier ses soucis. Concentre-toi sur le chant des oiseaux, la caresse du vent, l'aspect des nuages, l'odeur de l'herbe... Respire un grand coup. Ah ! Ça va mieux.

Deviens une autre

Tu ne peux plus te voir en peinture ? Opération transformation : fouille dans le grenier, emprunte quelques vêtements à ta mère, ta sœur ou... ton père et déguise-toi. Quel personnage vas-tu incarner ? Le professeur pincé ? La star pailletée? Laisse parler ton imagination et imite ceux qui t'énervent ou celle que tu voudrais être.

Règle tes comptes

Les moyens les plus simples sont souvent les plus efficaces : écris noir sur blanc ce qui te tracasse, ça te rendra plus légère.

@Lucie, 9 ans

> Mon remède antidéprime ?
> Un bon gros gâteau au chocolat !

@Aurélia, 9 ans

> Pour garder le moral, quand je suis contrariée, je me dis « ouf, ç'aurait pu être pire ».

BON À SAVOIR

APPRIVOISE TA COLÈRE

5 trucs pour éviter de « péter les plombs ».

Parle... sans t'énerver

Facile à dire, c'est vrai. En général, sous le coup de la colère, tu ne te contrôles plus. Et souvent les mots dépassent ta pensée. Après, tu t'en veux d'avoir été si « méchante ». Pour empêcher les insultes de franchir tes lèvres, tu peux serrer les poings ou les dents très fort, puis prendre une profonde inspiration avant de parler. Cela t'aidera à être un peu plus calme.

Va faire un tour

Tu bous à l'intérieur ? Tu as peur de devenir violente ? Éloigne-toi un moment, le temps que ta colère soit plus « acceptable ». Tu peux par exemple aller t'oxygéner dehors, faire un tour dans les toilettes de l'école ou rejoindre ta chambre.

EXPLOSER, C'EST BIEN !

C'est un moyen de poser ses limites et de se faire respecter. Si on s'en empêche, la colère nous ronge de l'intérieur. Il faut donc savoir s'emporter... sans violence !

Préviens

Parfois, les autres ne se rendent pas compte que tu es sur le point d'exploser. Dès que tu sens que ça monte, avant que la situation ne dégénère, mets-les en garde.

Baisse le ton

Impossible de s'en empêcher : en colère, on crie, on hurle. Dès que tu t'en aperçois, essaie de baisser la voix. En face de toi, l'autre fera pareil et ce sera plus facile de vous parler.

Fais un sport qui défoule

Souvent le stress de l'école, les soucis... rendent plus susceptible. Alors, si tu as tendance à t'emporter facilement, libère cette « mauvaise énergie » en pratiquant un sport. Tu seras plus détendue.

BON À SAVOIR

4 RAISONS DE RIRE

Halte à la morosité : offre-toi une séance de rigolade !

C'est bon pour la santé

Incroyable, rire calme la douleur. La preuve, des médecins l'utilisent comme thérapie pour soulager leurs malades. Autre atout : il augmente le nombre de globules blancs qui protègent ton corps et t'aide ainsi à lutter contre les virus. Bye-bye les vilains rhumes ! Enfin, comme rire détend, tu dors mieux !

Ça aide à se faire des amis

Pas besoin de traduction : tout le monde comprend ce langage universel très communicatif. Fais le test : des yeux rieurs et pétillants attirent plus qu'une mine renfrognée. Pour faciliter les contacts, tu vois ce qu'il te reste à faire...

Ça chasse le stress

Une minute de rire égale 45 minutes de relaxation totale. Pendant « l'action », tes muscles se détendent et les tensions s'envolent. C'est fatigant mais ça fait du bien !

C'est être bien dans sa peau

Savoir rire de soi, c'est une preuve d'équilibre. Alors, évite de toujours te prendre au sérieux. Tu traverses un mauvais moment ? Un peu d'humour t'aidera à dédramatiser. Ça peut même t'aider à faire cesser une dispute !

☆ 3 EXERCICES POUR RIRE

Il y a 50 ans, on riait 20 minutes par jour. Aujourd'hui, ce n'est plus que 6 minutes ! Fais bouger les choses en organisant une séance de rigolade en famille ou entre copines :

- Inspirez et expirez de façon saccadée en faisant des « ho, ho, ha, ha, ha ». Les muscles se relâchent et le rire vient tout seul !
- Parlez-vous en charabia.
- Saluez-vous en riant.

SAIS-TU DIRE NON ?

Arrives-tu à refuser ce qui ne te plaît pas ? Réponse avec ce test !

Mode d'emploi : pour chaque phrase, coche OUI ou NON.

	OUI	NON
1 « T'as pas 3 euros ? », te demande Boris. Il ne te les rendra jamais, mais tant pis, tu les lui donnes.		
2 Émilie te pousse à sécher les cours avec elle. Tu la suis ?		
3 Ta bande se moque d'une fille. Mal à l'aise, tu ris aussi. Sinon, c'est de toi qu'on rira !		
4 Tu peux rendre service juste pour être bien vue des autres.		
5 Ce que te raconte une copine a beau te gêner, tu l'écoutes.		
6 Zoé veut t'emprunter ton pull tout neuf. Ça t'embête, mais tu le lui prêtes, avec le sourire en prime !		
7 Un garçon pas sympa essaie de t'embrasser. Te laisses-tu faire ?		
8 Fanny, qui te trouve trop mal habillée, te snobe. Pour obtenir son amitié, tu es prête à changer de look.		
9 La fête de Sandra s'annonce trop nulle. Y vas-tu quand même ?		
10 Lors d'une interro, ta voisine copie sur ta feuille. Tu as beau enrager, tu te tais.		

0 à 3 OUI : dire non ? Aucun problème !

Pas question de te laisser influencer ! Tu as assez de caractère pour ne pas accepter ce qui te déplaît. Tes copines, mécontentes, menacent de te faire la tête ? C'est dommage mais tant pis. De toute manière, avec toi, il est inutile d'insister !

4 à 7 OUI : dire non ? Pas toujours évident...

Une chose te coûte vraiment ? Tu arrives à la refuser. Mais si la personne en face de toi insiste, tu es prête à changer d'avis. Au fond, tu te sens un peu coupable de ne pas lui faire plaisir... Montre-toi plus ferme : quand c'est non, c'est non !

8 à 10 OUI : dire non ? Dur, dur !

T'opposer aux autres, quelle épreuve ! Si tu leur exprimes ton désaccord, tu crains d'être mise à l'écart ou d'hériter de l'étiquette de lâcheuse. Prends de l'assurance pour ne plus te laisser embarquer dans des situations pénibles...

Test de Julie Got

LES ASTUCES DE JULIE

DÉVELOPPE TON ESPRIT CRITIQUE

Pour te faire ta propre opinion, applique la bonne méthode.

Sois prudente

Ne crois pas systématiquement tout ce qu'on te dit. Personne ne détient le savoir universel. Et rappelle-toi que tout le monde peut se tromper. Alors, méfiance... Attention, ne verse pas dans l'excès inverse !
Tu ne pourras jamais tout vérifier par toi-même. Plutôt que de tout mettre en doute, essaie de faire la part des choses.

Sois curieuse

Il n'y a pas qu'une seule manière de penser ou de faire. Alors, pour te forger ta propre opinion, ne te contente pas d'un seul avis. Renseigne-toi auprès d'autres personnes, dans des livres, grâce à des documentaires télé ou à Internet... Les moyens d'information ne manquent pas !
Tu n'es pas obligée de te ranger à l'avis de la majorité.

Prends ton temps

Faire confiance, c'est important, c'est vrai. Mais il ne faut pas être trop naïve non plus ! Sinon, tu risques de te faire manipuler et influencer. Conclusion : Quand Léa t'affirme que Théo et Claire sortent ensemble, ne t'empresse pas de colporter la nouvelle. Attends plutôt d'en être certaine...
Cherche des preuves.

Suis ton instinct

Écoute ta petite voix intérieure. Elle est souvent de bon conseil. Si le signal d'alarme retentit dans ta tête, méfiance. C'est peut-être un gros mensonge !

SOS JULIE

J'AI TOUJOURS UN DOUDOU

Et alors ? Tu n'as pas à en avoir honte : tu es loin d'être la seule ! C'est vrai, ça fait un peu bébé. Mais ce doudou, tu le connais depuis longtemps. Petite, il a calmé tes angoisses, recueilli tes confidences, apaisé tes chagrins. C'est normal d'avoir des difficultés à s'en détacher. C'est comme s'il fallait dire au revoir à un ami très cher. Rassure-toi, bientôt, tu t'en sépareras de toi-même.

En attendant, pour éviter les moqueries, sois discrète. Il existe plein de petites peluches qu'on ne remarque pas ou qui se dissimulent facilement sous un coussin.
Essaie aussi parfois de t'en passer : ce n'est pas un objet magique qui a réponse à tous tes problèmes.

Les solutions, elles sont en toi ! Quand tu l'auras compris, tu n'auras plus besoin de doudou. D'ici là, pourquoi te priver de ce qui peut te rassurer ?

@Hélène, 11 ans

J'ai aussi un doudou mais il ne quitte pas mon lit. Fais comme moi. Comme ça, personne ne saura que tu en as un !

L'avis de l'expert

Avoir un doudou, sucer son pouce... ce sont des habitudes liées à la petite enfance. Tu as sans doute un peu peur de grandir. C'est normal, tu sais ce que tu quittes mais tu ignores ce qui t'attend ! Si tu n'arrives vraiment pas à t'en détacher, parles-en à quelqu'un.

Sylvie Companyo, psychologue

@Jade, 10 ans

Moi, j'ai toujours mon ours de quand je suis née ! Si on te fait une remarque, dis que c'est ton porte-bonheur.

@Chloé, 13 ans

Malgré mon âge, j'ai toujours un gros nounours sur mon lit. Je ne peux pas passer une nuit sans. Alors, tu vois, tu n'es pas la seule !

JE JOUE ENCORE AUX POUPÉES

Qui a décrété qu'à ton âge, tu ne devais plus y jouer ? Au contraire ! Tu as bien raison. Laisse parler les mauvaises langues. Si tu savais le nombre de filles qui sont dans ton cas ! Seulement, elles sont comme toi, elles n'osent pas le dire !

Sois tranquille : les poupées, cela n'a rien d'un jeu de « gamines ». C'est une activité qui évolue en même temps que toi. Petite, tu reproduisais le comportement de ta maman. Aujourd'hui, cela n'a plus rien à voir. Tu mets en scène tes rêves (devenir chanteuse, par exemple), tu fais vivre à tes personnages des amitiés… Tu t'entraînes aux relations sociales. Et puis, cela permet d'échanger avec les copines.

Il n'y a pas d'un côté celles qui jouent à la poupée et, de l'autre, les « branchées » qui passent leurs récrés à parler garçons et mode. Ne te prive pas d'une activité qui t'apporte du plaisir pour faire comme les autres. Chacun ses goûts. Les respecter, c'est la base de l'amitié.

@Lola, 10 ans

Qui a dit que ça fait bébé de jouer à la poupée ? Quand tu t'amuses à relooker tes « mannequins », ce n'est pas bébé du tout, ça s'appelle faire du stylisme !

@Coralie, 12 ans

Jouer à la poupée prouve qu'on a besoin de libérer notre imagination et cela n'a rien de « gamin ». Des fois, je joue avec ma sœur et ça m'éclate !

@Tara, 12 ans

Je suis en 5e mais je joue encore à la poupée et j'aime ça ! Pourquoi je devrais arrêter. J'ai le droit de profiter de mon enfance !

SOS JULIE

ON ME TRAITE DE « GARÇON MANQUÉ » !

Parce que, être une fille, c'est faire de la danse, adorer le rose et les robes, et jouer à la poupée ? N'importe quoi ! Il y a mille et une façons d'être une fille ! Grimper aux arbres. Aimer la couture. Faire du foot. Adorer les jupes... Tu peux tout faire ! Ceux qui te disent le contraire ont tort.

Ce qui compte, c'est ce qui te plaît à toi. Pas ce que tu es « censée » faire en tant que fille. Si des personnes te font ce genre de remarques, c'est parce que c'est rassurant de mettre les gens dans des cases. Mais toi, avec ton comportement de « garçon », tu les perturbes. Dommage pour elles !

Ne change pas pour ressembler à une image qui ne te correspond pas. Au contraire, tu as tout compris. Tu fais ce que tu as envie. Tu ne t'interdis rien, même pas les « trucs de garçon ». Alors laisse dire, ou réponds-leur : « Pas du tout, je suis une fille qui assume ses goûts ! »

@Élise, 12 ans

Moi aussi, je suis un garçon manqué. Je fais du foot et de la boxe, et un jour... mes « amies » m'ont demandé de changer, ce que je n'ai pas fait ! C'est mon caractère et mon style qui font que je suis une fille unique !

@Prune, 13 ans

Tu seras toujours embêtée et critiquée par des gens tout au long de ta vie. Alors, autant la vivre comme tu veux !

@Émilie, 12 ans

Honnêtement, ça veut dire quoi, « garçon manqué » ? Rien. Tu as peut-être un côté masculin plus développé, et alors ?

ES-TU TIMIDE ?

Fais le test pour en avoir le cœur net.

1 Fin du concert de ton idole, tu cours...

B Lui demander un autographe.
C Te faire photographier à ses côtés.
A Acheter son poster géant.

2 Dans la queue du ciné, une fille te double :

A Tu t'en fiches, tu n'es pas à 2 minutes près.
B Tu t'exclames : eh bien, il y en a une qui ne se gêne pas !
C Tu la redépasses : pas question de perdre ta place.

3 Ta devise, c'est...

B Qui ne risque rien n'a rien.
C Qui ose vaincra.
A Rien ne sert de courir, il faut partir à point.

4 Mathilde t'a emprunté ton top et tarde à te le rendre. Que lui dis-tu ?

B Tu sais, mon top, il s'appelle reviens.
A Ma mère m'a demandé où je l'avais rangé.
C N'attends pas qu'il soit délavé pour me le redonner.

Calcule tes scores avec : A = 0
B = 1
C = 2

+ de 6 points
Toi, timide ? Sûrement pas !
Tu es parfaitement à l'aise dans tes baskets. D'un naturel plutôt expansif, tu n'as aucun problème pour te faire des copines ou affronter des situations nouvelles.

De 3 à 6 points
Hésitante, tu sais prendre sur toi
Tu sais défendre tes idées et, entre amies, tu te sens même pousser des ailes. Ça se corse dès qu'il s'agit d'inconnus. Tu es gênée, mais, une fois l'effet de surprise passé, tu prends sur toi et tu surmontes le stress. Bravo !

- de 3 points
Tu doutes de toi
Pour toi, l'avis des autres compte beaucoup. Alors tu as du mal à t'affirmer. C'est dommage, car tu disposes de nombreuses qualités. Et la timidité peut en être une ! Prends un peu de distance, ne te pose pas tant de questions et lance-toi.

Test de Laurence Rémy

LES ASTUCES DE JULIE

9 PARADES ANTITIMIDITÉ

Tu rougis pour un rien ? Tu n'oses pas parler ? Et cela te gène au quotidien ? Des solutions existent. La preuve.

Pratique la relaxation

2 minutes de respiration par le ventre et les battements affolés de ton cœur se calment comme par miracle. Essaie !

Écris ce que tu voudrais dire

Tu n'arrives pas à t'exprimer ? Noircis un papier ! Peu à peu, tu prendras plus confiance en toi et ce sera plus facile.

Recense les situations critiques

Repère les moments qui te mettent dans tous tes états.
Quand tu dois prendre la parole ?
Quand tu rencontres un inconnu ?
Tu sauras ainsi ce qui te stresse et tu pourras mieux affronter ces situations déstabilisantes.

Accepte les compliments

Avoue : dès qu'on te complimente, tu t'empresses de minimiser, parfois même de t'excuser, comme si tu ne le méritais pas ! Stop ! Et si tu disais simplement merci ?

Cesse de te comparer aux autres

Forcément, tu trouveras toujours autour de toi des filles qui te paraissent plus belles ou plus intelligentes.
Oui, mais ces mêmes personnes sont peut-être moins sympas que toi...
Le problème, c'est que tu ne raisonnes pas comme ça. À tes yeux, elles seront toujours mieux. En agissant ainsi, tu ne fais que te dévaloriser.
En as-tu vraiment besoin ?

@Lola, 9 ans

> Chante dans une chorale. Au début, tu n'oseras pas te lancer seule mais ça viendra naturellement. Et quand tu pourras chanter seule, ça ira partout !

@Camille, 12 ans

> Je suis super timide. Mais depuis que je me suis fait des copines pas timides du tout, tout a changé !

LES ASTUCES DE JULIE

Affronte les personnes qui t'intimident

Comment ? En les imaginant dans une situation délirante, en maillot de bain au pôle Nord, par exemple, ou en agissant comme si une personne qui te fait confiance était à tes côtés. Tu te sentiras plus assurée face aux autres.

Jette ta timidité à la poubelle

Dessine-la, puis froisse la feuille et direction la corbeille ! Ce petit rituel symbolique t'aidera à surmonter les moments où tu manques d'assurance.

Lance-toi des défis

Inutile de fixer la barre trop haut, un petit geste suffit. Par exemple, dire bonjour à une fille de la classe en la regardant dans les yeux. Puis demain, tu t'adresseras à deux, etc. En multipliant les petites victoires, tu finiras par avoir plus confiance en toi.

Arrête de te raconter des histoires

Les timides sont très imaginatifs ! C'est sûr : Tom te trouve nulle. Comment tu le sais ? Tu en es convaincue, un point c'est tout. Même si rien, dans son attitude, ne prouve qu'il pense vraiment ça de toi. À chaque fois, c'est pareil, tu interprètes les gestes des autres, à ton désavantage bien sûr. Et tu te fais souvent de fausses idées...

@Julie, 13 ans

Moi, j'ai fait du théâtre. C'est plus facile de s'exprimer quand on joue un rôle. Ça m'a beaucoup aidée.

@Noura, 11 ans

Pour lutter contre ma timidité, je m'imagine dans une situation qui me fait peur. Et là, dans ma tête, j'agis comme si j'étais une autre personne, pas du tout timide. Ça aide !

LES ASTUCES DE JULIE

7 TRUCS POUR AVOIR CONFIANCE EN SOI

Tu doutes de toi ? Suis ces conseils.

Apprends à dire non

Tu n'oses pas car tu culpabilises : tu as peur de faire de la peine, de blesser... C'est compréhensible mais tu as tout faux ! Tu as le droit d'avoir des désirs et de les exprimer. Comment te faire respecter sinon ? T'affirmer quand tu n'es pas d'accord permet aux autres de savoir où sont tes limites. Évite quand même de jouer la capricieuse en disant systématiquement non...

Donne ton point de vue

Cela ne t'empêchera pas d'être appréciée et aimée. Car toi aussi, tu as des choses intéressantes à dire ! Si tu te ranges toujours à l'avis des autres, jamais ils ne sauront ce que tu penses vraiment. Au pire, qu'est-ce que tu risques ? Si vous n'êtes pas d'accord, vous n'allez pas forcément vous disputer, mais dialoguer et donc mieux vous connaître. Intéressant, non ?

Accepte les échecs

Oui, tu t'es trompée. Tu as pris la mauvaise décision ou tu n'as pas eu le bon comportement. Et alors ? Ça arrive à tout le monde. Le plus important, c'est ce qu'on fait après. Ne reste pas bloquée en ressassant tes erreurs. Tu ne peux pas revenir en arrière ! En revanche, tu peux te servir de ce « faux pas » pour rebondir : essaie de comprendre comment tu en es arrivée là. Rien à voir avec ce que tu es. Tu t'es juste trompée de stratégie, c'est tout. La prochaine fois, tu agiras différemment !

LES ASTUCES DE JULIE

@Lucie, 9 ans

> Quand je doute de moi, je regarde mon album photo spécial : j'y ai rangé toutes les photos que j'aime de moi.

@Valérie, 12 ans

> Quand je n'ai pas confiance en moi, pour m'aider, je pense à quelqu'un que j'aime énormément et je me dis : « Qu'est-ce qu'il ferait ? »

Ose agir

Tu angoisses à l'idée de faire une nouvelle activité, tu as peur d'engager la conversation… Toute expérience inédite te paraît insurmontable car tu doutes de tes capacités à réussir. C'est normal : tu ne peux pas prévoir le résultat final. Dois-tu renoncer pour autant ? Pars gagnante, ce sera plus facile.

Adopte une attitude de gagnante

Sais-tu que ton corps parle pour toi ? Intègre les gestes qui te donneront confiance : regarde les gens dans les yeux en leur parlant et cesse de fixer le sol en marchant.

Applique la méthode Coué

Son principe ? L'autosuggestion : à force de se répéter quelque chose, on s'en convainc ! À toi de jouer avec des « je vais y arriver », « je peux le faire »… Tu peux aussi recopier des proverbes « valorisants » comme « les erreurs sont de belles occasions de devenir intelligent ».

Visualise ta réussite

Selon certains spécialistes, se représenter mentalement une situation redoutée peut aider à la rendre plus facile à aborder. Démonstration. Tu es sûre de rater ce contrôle ? Allonge-toi sur ton lit, les yeux fermés. Imagine la scène en détail, comme si tu y étais : couleur de ta robe, crayon de la voisine… Porte ensuite ton regard sur ta feuille et concentre-toi sur la bonne note souhaitée. Attention, ça ne te dispense pas de réviser !

ES-TU VICTIME DE LA MODE ?

Découvre comment tu réagis face aux « tendances ».

1 Cet été, la mode, c'est le short. Mais tu détestes montrer tes jambes...

C Pas question ! Tu ne feras aucun effort.
A Ce sera dur mais tu vas t'y mettre.
B Qu'importe, tu en portes déjà depuis des années.

2 Dans la cour, une fille se moque de ton jean « ringard ».

B L'essentiel, c'est qu'il te plaise à toi.
C Tu la laisses dire.
A Tu te demandes si elle n'a pas raison.

3 As-tu une couleur préférée ?

A Pas vraiment, ça dépend des modes.
C Oui et tout changement te fait un peu peur.
B Il y en a plusieurs que tu adores mais tu en essayes d'autres.

4 Dans une vitrine, tu vois une paire de baskets hors de prix...

B Tu tentes de trouver un modèle équivalent moins cher.
C Pas question de dépenser autant ! Tu gardes tes vieilles tennis.
A Tu casses ta tirelire : elles sont trop géniales !

5 Catastrophe ! À l'anniversaire, Justine porte la même robe que toi.

A Tu cours te changer.
B Tu éclates de rire.
C Tu t'en moques complètement.

Max de B

Tu n'as pas ton pareil pour jouer avec la mode. Loin de la suivre au détail près, tu l'adaptes à ton style et ton humeur. Bravo, tu as tout compris.

Max de A

Les tendances ? Tu connais sur le bout des doigts ! Mais attention : à force de vouloir ressembler à une photo de magazine, tu risques de passer pour une fille superficielle. Les vêtements doivent souligner ta personnalité, pas l'écraser.

Max de C

La mode ne t'intéresse pas. Tu trouves qu'avec elle, tout le monde se ressemble ! C'est vrai que ce qui prime, c'est « l'être et non le paraître », mais n'oublie pas : l'aspect extérieur est la première chose que les autres perçoivent de toi.

Test de Séverine Clochard

LES ASTUCES DE JULIE

TROUVE TON LOOK EN 4 LEÇONS

Tu désespères d'avoir un style rien qu'à toi ? On va t'aider !

Leçon 1 : sois à l'aise

C'est la base. Car si tu ne te sens pas bien dans tes vêtements, ça se verra. Exemple : tu adoptes un look très « lolita » alors que tu es plutôt sportive ? Tu risques de te sentir « déguisée ». Conclusion : quand tu choisis des vêtements, ne suis pas les exigences de la mode, pense à ton confort avant tout !

Leçon 2 : analyse ta garde-robe

Étale tous tes vêtements devant toi. Mets de côté tes préférés. Voici les bases de ta panoplie idéale. Garde en mémoire les formes, les matières, les couleurs... pour ta prochaine séance de lèche-vitrines. Cela te guidera dans tes achats sans trop de risques de te tromper.

Leçon 3 : ose

Tu n'as pas signé un contrat à vie avec ton look ! Il se construit en même temps que ta personnalité et évolue avec toi. Alors, n'hésite pas à changer et à faire des tests. Attention quand même : n'achète que des tenues dans lesquelles tu te sens vraiment à l'aise. Sinon, elles risquent de moisir au fond de ton placard !

Leçon 4 : joue sur les détails

La tenue la plus simple peut être complètement transformée par un accessoire. Alors, si tu n'es pas très fortunée, investis dans des écharpes, foulards, ceintures, broches, badges... Tu pourras varier le style de ton tee-shirt à l'infini. Et si tu es créative, tu peux aussi personnaliser tes vêtements en rajoutant dentelles, pochoirs, boutons... Tes tenues ne ressembleront qu'à toi !

BON À SAVOIR

TON LOOK EN DIT LONG SUR TOI

L'importance que tu accordes à ta tenue vestimentaire est très révélatrice.

Il parle de toi

Devinette : pourquoi as-tu jugé Clara « intello » dès la première minute ? À cause de ses bons résultats scolaires ? Tu ignorais encore qu'elle était bonne élève ! En réalité, ce qui t'a influencée, c'est... son look ! Eh oui ! on a beau s'en défendre, on se fait souvent une première idée des autres rien qu'à leur façon de s'habiller. Top mode, rappeur ou gothique, ces tribus te rassurent et te permettent de te situer dans la cour de l'école. En effet, ce que tu portes renseigne les autres sur tes goûts et ta personnalité. Même si parfois, ta tenue n'a rien à voir avec la personne que tu es à l'intérieur...

@Léa, 11 ans

> On n'a pas à juger le style des autres. Attention, les apparences sont parfois trompeuses...

@Ninon, 13 ans

> Même si on dit le contraire, notre look reflète notre personnalité. Dans les 10 premières secondes, le look nous influence pour dire si on aime bien ou non une personne.

Il t'aide à t'intégrer aux autres

Ton cauchemar ? Être mise à l'écart. Pire, qu'on se moque de toi.
Alors tu adoptes le look passe-partout pour être reconnue et acceptée.
Pas question de déroger à la mode de la cour de récré. Ce serait trop risqué. C'est le règne des minijupes et du sac Trifac ? Il te les faut à tout prix, et tant pis si ça ne correspond pas vraiment à ce que tu es. D'ailleurs, tu ne sais pas vraiment qui tu es.
Alors, c'est rassurant de se ranger derrière la majorité.

Il montre que tu grandis

Tes choix se heurtent sans cesse aux goûts de tes parents ? Logique ! À ton âge, tu commences à t'affirmer, à marquer ta différence. Fini d'être toujours d'accord avec eux !

@Ninon, 13 ans

> C'est clair : une fille qui s'habille mal va avoir beaucoup moins de succès auprès des garçons. Alors, moi, je soigne mon look.

@Diane, 10 ans

> C'est bien d'avoir du style. On en a besoin pour se faire accepter des autres. Mais c'est vrai qu'avec les marques, on finit par tous se ressembler !

BON À SAVOIR

☆ ATTENTION AUX MARQUES !

Difficile de résister à la pression de la mode et de la cour de récré. Il n'y a pas de mal à vouloir être appréciée ou admirée avec une tenue branchée. Le hic, c'est de vouloir tout, tout de suite. Même adulte, ça n'arrive pas toujours ! Il faut savoir parfois renoncer ou attendre. Surtout quand l'objet désiré est si... onéreux ! Enfin, ce serait vraiment dommage de croire qu'on ne t'aimera pas si tu ne possèdes pas la dernière paire de baskets à la mode. Tu es bien autre chose que ton apparence, non ?

Il te protège

Les vêtements, c'est bien pratique pour dissimuler un corps qui change, pas vrai ? On te comprend : tu n'as pas forcément envie que tout le monde remarque cette « poitrine naissante » ou ces hanches un peu larges. Alors, tu te sers du look comme camouflage.

Il t'aide à plaire

D'abord à toi-même. Car oui, soigner son look, ce n'est pas un défaut. Ça ne te rend pas superficielle. Prendre soin de soi, de son apparence, c'est aussi se faire du bien.
Quand on se sent jolie, on a plus confiance en soi et on est plus ouverte aux autres.

L'AMITIÉ, C'EST SACRÉ !

Ah, que deviendrais-tu sans amis ! Encore faut-il en avoir et savoir les garder... Aucun problème, je suis là ! Rien que pour toi, je te livre mes secrets pour te faire des copines, éviter les disputes et partager de grands moments d'amitié. C'est parti !

BON À SAVOIR

LES ASTUCES DE JULIE

TESTS

SOS JULIE

TESTE-TOI

QUELLE COPINE ES-TU ?

**En amitié, es-tu plutôt exclusive ou cool ?
Teste-toi pour le découvrir !**

1 Les dates d'anniversaire de tes copines :

B Tu les as notées dans ton cahier d'amitié.

C Tu te souviens surtout de celle de ta meilleure amie.

A Euh... joker !

2 Le copain de ta meilleure amie te fait les yeux doux :

C Tu la préviens aussitôt.

B Tu l'évites de ton mieux.

A Il te plaît bien : tu lui rends son battement de cils.

3 Chloé passe la récré avec Noémie :

A Et alors ?

C C'est sûr : elle va te laisser tomber !

B Tu es un peu jalouse mais tu ne dis rien.

4 Léa te fait la tête sans raison :

B Ça va lui passer.

C Tu lui écris un petit mot pour savoir ce qui se passe.

A Tu boudes à ton tour.

Calcule tes scores avec : **A** = 0
B = 1
C = 2

Tu as jusqu'à 3 points

En amitié, tu es aussi légère qu'un papillon. C'est vrai, tu adores te retrouver avec tes copines mais qu'on ne te demande pas de faire des efforts ! C'est pas un peu perso tout ça ? Pas de précipitation !

Tu as entre 4 et 6 points

Tu ne cherches pas à devenir la super copine de tout le monde. Tu distingues les filles de la classe avec qui tu t'entends bien et tes vraies amies. Pour toi, l'amitié n'est pas une parole en l'air. Les vraies copines sont faites pour s'entraider et non pour jouer à la compet'.

Tu as 7 points et plus

SOS amitié, c'est toi ! Tu es toujours prête à rendre service. Mais en retour, pas question d'être tenue à l'écart. Si ton amie papote avec une autre, tu y vois une trahison. Attention, être copines ne veut pas dire se transformer en sœurs siamoises...

Test de Laurence Rémy

BON À SAVOIR

C'EST QUOI L'AMITIÉ ?

☆ L'amitié, ça apprend un peu à grandir. On ne peut pas tout partager avec sa famille.

Lucie, 10 ans et demi

☆ Grâce à l'amitié, tu avances dans la vie en étant soutenue par des personnes qui comptent beaucoup pour toi.

Justine, 13 ans

☆ L'amitié, c'est plus qu'important ! Tu en as besoin pour te consoler, pour te réconforter dans les pires moments mais aussi pour rire.

Marine, 11 ans et demi

☆ Sans amis, on coule ! C'est à eux qu'on fait le plus confiance, qu'on dit des choses qu'on n'avouerait pas aux autres.

Laura, 12 ans

☆ Les amies, c'est important pour se donner confiance en soi. Si on n'a pas le moral, elles sont là pour nous réconforter. Et puis, on peut compter sur elles pour des jeux, des sorties...

Audrey, 11 ans

☆ L'amitié sert à s'amuser, se confier, partager des secrets. Mais il ne faut tout de même pas exagérer : une copine, ce n'est pas un souffre-douleur ! Il faut l'accepter avec ses défauts et ses qualités.

Mélody, 10 ans et demi

L'avis de l'expert

À ton âge, l'amitié est très importante. Elle te fait grandir, t'aide à mieux comprendre qui tu es et à te détacher de tes parents. Tu avances à tâtons, pleine d'attentes, dans cette découverte des relations avec les autres. Ce n'est pas toujours facile car il y a des erreurs, des déceptions... mais aussi de grandes joies ! Difficile de dire pourquoi c'est avec cette personne en particulier que tu t'es liée. Parce que tu as envie de lui ressembler, parce qu'elle te complète ou te rassure... Il y a toujours une raison. Laquelle ? Le mystère reste entier !

Sylvie Companyo, psychologue

BON À SAVOIR

LES RÈGLES D'OR DE L'AMITIÉ

Tu veux être une véritable amie ? Suis le guide !

Respecte l'autre

Zoé a un sale caractère ? D'accord. Mais elle est aussi très généreuse. Comme toi, elle a ses qualités et ses défauts. Tu dois l'aimer telle qu'elle est, sans chercher à la transformer. C'est ça l'amitié. C'est tellement plus simple de pouvoir rester soi-même sans craindre d'être critiquée... Bien sûr, si selon toi elle fait une erreur ou si elle a une attitude qui te déplaît, tu peux le lui dire, mais ne la juge pas. Essaie plutôt de la comprendre.

Sois à l'écoute

Pouvoir se confier, c'est très bien ! Mais il faut aussi savoir inverser les rôles : être là pour son amie quand elle en a besoin, la consoler, l'aider en cas de coup dur.

Privilégie la sincérité

Pour éviter les malentendus et les disputes stupides, rien ne vaut la franchise ! Dès que quelque chose « coince » entre vous (tu la trouves changée, tu ne comprends pas pourquoi elle est fâchée...), parles-en.

Garde ta différence

D'accord, vous êtes copines. Mais vous n'êtes pas des clones ! Rien ne vous oblige à tout faire ensemble, à vous habiller à l'identique ou à adopter les mêmes attitudes. Vos différences, c'est ce qui vous enrichit l'une l'autre.

BON À SAVOIR

Reste indépendante

Tu n'es pas obligée de tout accepter par amitié. Parfois, il faut aussi savoir dire non. Entre vraies amies, il n'y a ni petit chef, ni esclave docile. Et vous pouvez aussi avoir un jardin secret.

Donne ton amitié gratuitement

Pas de comptabilité entre copines ! Zoé ne t'appartient pas et réciproquement. La vraie amitié n'attend rien en retour. Alors, si ton amie va vers d'autres filles, réfléchis avant de crier à la trahison. Et sache que ce n'est jamais bon de s'enfermer dans une seule amitié. À force, cela peut devenir comme une prison. Abandonne aussi « les hit-parades » : on ne classe pas ses amies ! C'est source de conflits inutiles.

Entretiens l'amitié

Ne sois pas gênée : dis à ta copine combien elle compte pour toi. L'amitié a besoin de petits gestes pour grandir et s'épanouir : une carte, un objet que tu as fabriqué toi-même...
Ces petites attentions prouvent que tu t'intéresses à elle, que tu es attentive à ce qui lui plaît.
Partage avec elle ce que tu aimes, fais-lui découvrir un livre que tu as aimé, complimente-la...

@Fatouma, 10 ans

> Pour être de vraies amies, il faut se respecter. Si ta copine aime Untel et pas toi, tu dois l'accepter. Chacun ses goûts ! C'est ça la tolérance.

@Margaux, 12 ans

> Une bonne amie sait partager, se faire confiance et faire confiance aux autres.

@Agathe, 12 ans

> Pour avoir une amitié solide, il faut s'intéresser à l'autre, ce qu'elle aime, l'aider pour les devoirs si elle peine, etc.

ENTRE COPINES, ÇA NE SE FAIT PAS !

- Trahir un secret.
- Humilier l'autre.
- Se moquer de l'autre dans son dos.
- Piquer le petit copain de l'autre.

SOS JULIE

JE SERS DE « BOUCHE-TROU »

Ta copine t'appelle uniquement quand elle ne trouve personne pour jouer avec elle ? Elle n'est jamais disponible pour toi ? C'est normal que tu aies l'impression d'être « la roue de secours ».

Tu as raison de vouloir faire cesser cette situation. L'amitié, ce n'est pas ça. Entre vraies amies, on échange, on partage. Ce n'est pas toujours la même qui donne ou… reçoit. Tu es gentille, parfait, mais tu n'es pas à la disposition de ta copine ! Soit son amitié est sincère, soit il vaut mieux tout arrêter, même si cela te fait de la peine.

Essaie d'abord d'avoir une explication avec elle en lui disant par exemple : « J'aimerais qu'on passe plus de temps ensemble, pas seulement quand tu as besoin de moi. » Si elle ne comprend pas, adopte le même comportement.
Rends-toi indisponible, elle verra que tu n'es pas « à sa botte » et finira peut-être par comprendre ce que tu ressens. Si elle est sans réaction, qu'elle ne revient pas vers toi, tu sauras que son amitié était plutôt intéressée.
Tu seras sûrement un peu triste et déçue, mais au moins, tu seras fixée.
Ne t'accroche pas à cette pseudo-amitié qui te fait plus de mal que de bien et passe à autre chose.

@Laure, 11 ans

Tu n'as pas le droit de laisser une copine se servir de toi comme bouche-trou. Dis-lui franchement ce que tu as sur le cœur. Elle se rendra compte que tu n'es pas une « bonne poire ».

@Olivia, 9 ans

Ça m'est arrivé l'année dernière. Ma copine n'a pas changé alors je me suis trouvé d'autres amies.

MA COPINE ET MOI, ON AIME LE MÊME GARÇON

La tuile ! D'abord, faites le point sur vos sentiments. Si l'une est plus amoureuse, vous saurez quoi faire. Il vous plaît tout autant ? Plusieurs cas sont possibles :

- Le garçon n'aime aucune de vous deux. C'est dur mais vous vous soutenez mutuellement.
- Le garçon aime ta copine : difficile pour toi, surtout si ton amie accepte de sortir avec lui. Peut-être que cette situation te sera insupportable et tu t'éloigneras de ton amie.
- Le garçon t'aime : tu es ravie et en même temps, tu te sens coupable vis-à-vis de ta copine. Pour préserver votre amitié, n'affiche pas trop ton bonheur et reste discrète avec ton copain.
- Vous décidez toutes les deux de l'aimer en secret sans vous déclarer : ça vous évite d'être tentées. Mais vous passez peut-être aussi à côté d'une belle histoire...
- Vous décidez « que la meilleure gagne » : dangereux car malgré vos bonnes résolutions, pas sûr que votre amitié y résiste.

Dans tous les cas, rien ne prouve que cet amour dure. Ce serait dommage d'avoir perdu une super amie pour un garçon. Qui vous consolera s'il vous laisse tomber ?

@Sarah, 13 ans

> Avec ma copine aussi, on aimait le même garçon. Il n'a pas voulu sortir avec elle mais avec moi oui. Au début, elle l'a mal pris, mais avec le recul, elle s'est dit qu'une amie vaut de loin tous les gars la terre !

@Justine, 10 ans

> Il n'y a pas de mal à aimer le même garçon que sa copine ! Essaie de t'approcher de lui tout en respectant ton amie.

SOS JULIE

DEPUIS QU'ELLE A UN PETIT COPAIN, MA COPINE ME LAISSE TOMBER !

Ça ne veut pas dire que tu ne comptes plus pour ta copine ! Votre amitié est sûrement toujours aussi importante à ses yeux. Simplement, en ce moment, elle n'est pas prioritaire.

Ta copine découvre l'amour. C'est un sentiment très « prenant » et peut-être nouveau pour elle. Essaie de ne pas trop lui en vouloir. Elle ne se rend peut-être pas compte que tu es triste. Parle-lui de ce que tu ressens. Si c'est une vraie amie, elle fera sûrement des efforts. Ne perdez pas le contact pour un garçon, ce serait dommage. Si cette histoire ne dure pas, ton amie aura encore plus besoin de toi.

Utilise ces moments de « solitude » pour aller à la rencontre d'autres personnes. Ce n'est jamais bon de s'enfermer dans une seule relation. Et quand vous êtes ensemble, ne l'accable pas de reproches. Profitez à fond de vos moments à deux. Et si tu lui proposais un rendez-vous secret chaque semaine pour être vraiment toutes les deux ?

@Flora, 9 ans

Normal, elle a moins de temps à te consacrer. Mais si elle te laisse vraiment tomber, dis-le-lui calmement.

@Jihane, 10 ans et demi

Dis-lui que tu aimerais passer plus de temps avec elle, que tu te sens un peu seule. Mais c'est normal aussi qu'elle ait envie de rester avec son copain. Tu comprendras quand tu en auras un...

JE N'AI PAS D'AMIES !

Tu dois te sentir bien seule. Peut-être as-tu un peu peur d'aller vers les autres, qu'ils te jugent ? Et si personne ne vient vers toi, tu te dis que c'est normal, que quelque chose cloche chez toi, que tu n'es pas intéressante. Alors, tu préfères ne pas prendre de risques et tu choisis malgré toi des activités solitaires, ou bien tu te réfugies dans ton monde imaginaire. Là au moins, c'est sans danger.

C'est vrai que nouer des relations avec les autres, c'est risqué. On est parfois déçue, blessée, trahie. Mais ça en vaut la peine car cela apporte aussi de grandes joies.

Peut-être aussi que tu éprouves ce sentiment parce que tu te sens vraiment différente des autres filles de ton âge. Elles aiment le shopping et toi, tu es passionnée d'astronomie. Tu as raison : tu n'as pas à renier ta personnalité pour te faire des amies. Pour « forcer » les rencontres, inscris-toi dans une activité qui te plaît. Tu retrouveras des filles qui ont la même passion. Cela vous fera déjà un point commun et... un sujet de conversation !

@Clara, 13 ans

Peut-être que tu n'as pas envie d'amitié « coup de tête », que tu recherches une relation profonde. C'est pour ça que ça prend du temps !

@Marianne, 9 ans et demi

Repère dans la cour la fille qui a l'air toute seule dans son coin. À deux, vous serez déjà moins seules !

@Lola, 11 ans

Organise une fête chez toi et parle avec tout le monde. Il y a bien quelqu'un avec qui ça va marcher !

LES ASTUCES DE JULIE

8 PISTES POUR SE FAIRE DES COPINES

Avec ces astuces, tu seras très vite entourée !

Souris !

Tu auras l'air sympathique et on aura envie de faire ta connaissance. Alors, quitte vite cette petite mine triste !

Prends les devants

Que fais-tu à te morfondre dans ton coin ? Les copines ne vont pas tomber du ciel ! Jette-toi à l'eau. Repère les filles qui te semblent sympas et va vers elles !

Mets-toi en condition

Tu es timide ? Ça ne t'empêchera pas de te faire des copines !
Acte 1 : dédramatiser. Tout le monde, comme toi, a peur du regard des autres, même les adultes ! Ensuite, qu'est-ce que tu risques ? D'être mal reçue ? Peu probable. Et quand bien même ? Des copines possibles, il y en a plein d'autres dans la cour. Ce n'est pas un « échec » qui va t'arrêter ! Et puis, c'est surtout le premier pas qui coûte. Après, c'est beaucoup plus facile.
Acte 2 : vaincre ce petit travers. On t'a sûrement parlé des cours de théâtre. C'est une méthode très efficace. Mais si ça ne te tente pas, tu peux aussi simplement repérer les filles qui semblent aussi timides que toi. Le contact ne devrait pas être trop difficile...

Inscris-toi à une activité

Ça facilite les rencontres ! Pourquoi ? Parce que vous avez déjà un point commun : une même passion pour la danse, le théâtre, le foot... Facile pour entamer la conversation...

Apprivoise les groupes

Difficile de s'intégrer à un groupe déjà constitué, surtout si les membres se connaissent depuis longtemps. Mais tu peux toujours repérer la fille la plus sympa et t'en faire une amie. Peut-être qu'elle te présentera aux autres ?

@Estelle, 11 ans

Pour faire connaissance, je demande aux filles de ma classe de me passer leur agenda et je leur écris un mot du genre : « Salut Morgane, moi, c'est Estelle. T'as l'air super. Tu veux être ma copine ? » Je me suis fait plein d'amies comme ça !

LES ASTUCES DE JULIE

@Sandra, 10 ans

> Aide des filles de ta classe à faire les devoirs, ça crée des liens.

@Noémie, 12 ans et demi

> Ouvre-toi aux autres, raconte-leur des blagues, fais-les rire et tout le monde se tournera vers toi !

Fonde ton club

Tu adores la littérature, les échecs, le journalisme... et il n'y a pas de club qui existe à l'école ? Crées-en un et fais passer le message. Sûr que des garçons et filles de ton âge, passionnés comme toi, viendront te rejoindre. Peut-être de futurs amis ?

Choisis le bon moment

Certaines situations peuvent faciliter le contact. Elle lit, fabrique un collier, semble chercher une salle de cours... ? C'est l'occasion idéale pour l'aborder : « Salut, moi c'est Julie, tu cherches le cours de maths ? Moi aussi ! » ou « Tiens, toi aussi tu lis ce livre ? Comment tu le trouves ? ».

Sois naturelle

Ne cherche pas à être « la fille parfaite ». Elle n'existe pas ! Et tes propos sonneraient « faux ». Parle de ce que tu connais (l'actualité que tu as suivie, le dernier film que tu as aimé, ta passion...). Surtout, écoute les réponses ! Rien de plus agaçant que les « moi je » qui ne parlent que d'eux. Si tu n'es pas très à l'aise, pose des questions sur ses goûts, son point de vue sur l'école...

SAIS-TU TENIR TA LANGUE ?

Voyons voir si l'on peut vraiment te faire confiance...

1 Une amie t'explique un tour de magie...

B Tu exécutes le tour sans dévoiler les trucs.
A Tu en parles à tout le monde.
C Tu oublies le tour de magie.

2 À 7 ans, ta sœur croit encore au Père Noël.

A Tu lui montres où vos parents ont caché les cadeaux.
C Tu gardes le secret.
B Si elle insiste avec ses questions, tu craques !

3 Conversation entre copines. T'est-il déjà arrivé de ne pas dire quelque chose parce que tu pensais que c'était idiot et sans intérêt ?

C Souvent.
B Parfois.
A Jamais.

4 Camille veut connaître le nom du chéri de Léa...

B Tu la mets sur la piste.
C Tu fais la sourde oreille.
A Tu avoues : elle te confie le sien !

5 Tes copines se confient souvent à toi car...

C Tu ne trahis pas.
A Tu leur donnes souvent de bons conseils.
B Tu sais écouter.

Max de A : pipelette

Tu es incapable de garder un secret. À peine te dit-on quelque chose que c'est plus fort que toi : il faut que tu le répètes ! Essaie de te contrôler sinon plus personne ne te fera confiance.

Max de C : muette

« Croix de bois, croix de fer, si je trahis, j'irai en enfer », telle est ta devise. Personnene pourra te faire changer d'avis. Tes amis peuvent être rassurés : avec toi, les secrets sont bien gardés.

Max de B : alouette

Garder un secret, oui tu en es capable, mais il t'arrive de flancher. Si on insiste, tu craques et tu dévoiles tout assez facilement.

Test de Claire Didier

J'AI TRAHI UN SECRET

C'est normal que ton amie t'en veuille. Mets-toi à sa place : comme elle, tu serais très déçue. Tu as trahi sa confiance !
Tu regrettes ton geste et tu voudrais regagner son amitié ? C'est sûr, ça ne va pas être facile, mais c'est possible.

D'abord, pose-toi les bonnes questions : pourquoi as-tu craqué ? Parce qu'on t'a harcelée ? Parce que ça t'a échappé dans une conversation ? Parce qu'en révélant ce secret, cela te permettait d'être « bien vue » ? Cela t'aidera à expliquer ton geste à ton amie.
Sois franche : si ta trahison a été involontaire, dis-le-lui. Fais appel à sa compassion : comment aurait-elle réagi dans la même situation ?
Réclame son indulgence : tu comprends qu'elle t'en veuille et tu n'espères pas qu'elle te livre à nouveau ses secrets... du moins, pas dans l'immédiat.
Mais promets de ne jamais recommencer.

Et si tu as vraiment du mal à tenir ta langue, avoue-le, et propose-lui de t'aider à mieux te contenir ou suggère-lui de ne te confier que des secrets « sans risque ».
Si tu es sincère, peut-être qu'elle te comprendra et te pardonnera.

L'avis de l'expert

Attention, il y a des choses trop graves que tu ne peux pas garder pour toi.

Si ton amie est victime de racket, de violence, de harcèlement ou si elle se met en danger (vol, fugue, tentative de suicide...), tu dois en parler.
Ce n'est pas la trahir mais l'aider.
Dans un premier temps, essaie de la convaincre d'en parler elle-même. Sinon, agis. Elle t'en voudra peut-être sur le moment mais elle te remerciera plus tard.

Sylvie Companyo, psychologue

SOS JULIE

MA COPINE N'ARRÊTE PAS DE ME COPIER !

Elle doit beaucoup t'admirer ! Elle t'a sûrement choisie comme amie parce que tu représentes un modèle pour elle. À ses yeux, tu es formidable, pour plein de raisons. C'est plutôt flatteur, mais aussi parfois pesant…
N'attends pas : explique-lui ce qui te dérange. Procède avec douceur, sans agressivité. Ta copine manque sûrement de confiance en elle. Elle n'ose pas prendre de risques. Si tu es assez populaire et que l'on t'apprécie, elle se dit peut-être qu'en adoptant ton comportement, on l'aimera aussi.

À toi de lui faire comprendre qu'on peut s'intéresser également à elle parce qu'elle possède ses propres qualités. Tu peux commencer par lui dire que tu aimes bien ce qu'elle porte, mais que tu trouves dommage qu'elle n'essaie pas de trouver son propre style. Lors d'une sortie « shopping », fais-lui essayer plein de tenues. Complimente-la quand tu trouves sincèrement que quelque chose lui va bien. Interroge-la sur ce qu'elle aime, elle. Dis-lui ce que tu apprécies chez elle et aide-la à se mettre en valeur. La situation devrait s'arranger rapidement.

@Margaux, 10 ans et demi

Si ta copine te copie, prends-la à part et dis-lui en douceur que ça te dérange.

@Sophie, 11 ans

Dis-lui simplement que ce n'est pas en faisant tout comme toi qu'elle aura sa propre personnalité.

@Mina, 11 ans

J'étais dans le même cas ! Quand je l'ai dit à ma copine, elle a pleuré. J'étais soulagée mais aussi rongée par la culpabilité. Mais une fois le choc passé, elle a compris et depuis, tout va bien.

MA COPINE ME COLLE, RAS-LE BOL !

Mais qu'est ce qui lui prend ? Tu fais un pas, elle fait pareil. Elle te suit partout comme un petit chien et tu commences à trouver ça agaçant. Mais comment lui faire comprendre, en douceur, qu'elle est un peu envahissante ? En lui expliquant ce que tu ressens ! Dis lui que tu as le sentiment d'étouffer, d'être espionnée. Peut-être qu'elle n'a que toi, comme amie ? Alors, rappelle-lui que ce n'est pas bon de s'enfermer dans une seule relation. À la longue, on a l'impression d'être en prison ! Fais lui rencontrer d'autres personnes. Elle adore lire, toi non ? Présente-lui Zoé qui dévore les bouquins. Ça leur fait déjà un point en commun. Et surtout, rassure ta copine. Non, tu ne la rejettes pas. Oui, tu veux toujours de son amitié… mais à petite dose !

Si besoin, redis-lui ce que tu apprécies chez elle. Et si la situation ne s'arrange pas, à toi de voir si tu veux toujours de son amitié ou pas, et d'agir en conséquence en étant plus directe.

@Emma, 11 ans et demi

Fais la grève ! Ne lui parle plus, ne joue plus avec elle, bref, éloigne-toi. Elle finira par comprendre qu'elle y est allée un peu fort.

@Patricia, 12 ans

Ma copine faisait pareil mais j'ai compris qu'en fait, elle avait peur d'aller vers les autres. Je lui ai présenté d'autres filles et ça s'est arrangé !

@Camille, 13 ans

D'abord, est ce que tu l'aimes bien ? Si oui, explique-lui gentiment que tu aimerais bien avoir des distances : t'as une vie aussi ! Et si tu ne l'aimes pas, sois plus directe et moins sympa.

SOS JULIE

AU SECOURS, ON ME HARCÈLE !

Ta pire ennemie a créé un groupe insultant à ton sujet sur Internet ? Ton portable ou ta messagerie sont inondés de messages blessants ? Une photo prise à ton insu dans les vestiaires circule au collège ? Ne laisse pas faire ! Personne ne mérite d'être traité comme ça. Car, avec ces outils numériques, le « moqueur » te poursuit 24 h sur 24, 7 jours sur 7. Ce n'est plus une mauvaise blague : c'est du harcèlement. Et c'est puni par la loi. Empêche cette personne de continuer à te nuire. Comment ? En parlant de ce qui t'arrive autour de toi, à tes parents ou à un adulte en qui tu as confiance. Bannis de tes contacts le numéro ou l'adresse mail de ton harceleur : il ne pourra plus t'envoyer de messages. Et si la situation ne s'arrange pas, porte plainte à la police avec tes parents.

L'avis de l'expert

Surtout ne réponds pas aux insultes et ne cherche pas à te venger : tu ne ferais qu'envenimer les choses. Ce type d'agression laisse des traces. Sauvegarde les messages, fais des copies d'écran : ces preuves serviront à coincer tes harceleurs ! Signale aussi les photos ou les messages inappropriés via le formulaire de contact ou le bouton prévu à cet effet. Et si tu n'oses pas parler parce que tu te sens coupable, détrompe-toi. Ce n'est pas ta faute.

Dominique Delorme, responsable de Net Écoute

☆ NUMÉRO ET SITE SOS

Au bout du fil ou en ligne, des personnes sont là pour t'aider et t'écouter.
Net écoute :
0 800 200 000
www.netecoute.fr

5 TRUCS POUR AIDER UNE AMIE

Pas toujours facile d'être de bon conseil ! Voici comment faire.

Prends le temps de l'écouter

Parfois, une oreille attentive suffit pour réconforter. Laisse parler ton amie jusqu'au bout, sans l'interrompre. Si elle « bloque », encourage-la d'un sourire.

Offre-lui ton soutien

Ne minimise pas son problème. Quoi que tu en penses, pour elle, c'est du sérieux. Alors, oublie les « ce n'est pas si grave ». Ton amie pourrait croire que tu te moques de ses soucis ! Fais-lui plutôt sentir qu'elle n'est pas seule et que tu es là pour l'aider en lui disant par exemple « je comprends ce que tu ressens ».

Propose-lui ton aide

Pose-lui des questions pour être sûre de bien avoir compris son problème et savoir ce qu'elle attend de toi. Montre-lui que la situation peut s'arranger, qu'ensemble vous allez trouver des solutions. Donne-lui ton avis et tes idées mais sans lui dicter sa conduite.

Mets-toi à sa place

Vous vous connaissez bien, vous traversez sûrement les mêmes épreuves, les mêmes angoisses. Demande-toi ce que tu ferais dans sa situation et agis avec elle comme tu aimerais qu'on le fasse avec toi.

Sois franche

Parfois, face à ses confidences, tu peux te sentir fâchée, gênée ou ne pas savoir comment l'aider. Dans ce cas, sois honnête, dis-lui que son problème est trop sérieux et suggère-lui d'en parler à un adulte.

BON À SAVOIR

J'ARRÊTE PAS DE ME DISPUTER AVEC MES COPINES

Logique ! Vous êtes différentes. Chacune a son point de vue, son caractère. Alors, c'est normal qu'il y ait parfois de légères tensions... La plupart du temps, les disputes partent d'un petit rien : tu as mal interprété les paroles de Zoé, elle a mal pris ta réaction. Tu peux aussi être vexée par des remarques maladroites ou un peu jalouse, du coup, cela te rend agressive... Bref, les raisons de se chamailler ne manquent pas.
Bienvenue dans la vie quotidienne de l'amitié !
Mais les disputes ne sont pas que négatives : elles te permettent de lâcher ce que tu as sur le cœur et de poser tes limites. Elles peuvent même améliorer ta relation avec tes copines. À condition, bien sûr, de vous expliquer après « l'orage » !
Attention, si tu es toujours en train de te disputer avec tes copines, c'est peut-être le signe que quelque chose ne va pas. Peut-être que tu leur en demandes trop ? Que tu joues un peu la « chef » avec elles ? Il faut que tu réfléchisses à ton comportement si tu veux que les choses s'améliorent.

@Soraya, 11 ans

La plupart du temps, quand on se dispute, c'est qu'on en a marre l'une de l'autre. Alors, on « prend des vacances » en se chamaillant. Et on s'aperçoit à quel point on tient l'une à l'autre !

@Clara, 9 ans

Les disputes partent souvent de petits trucs, mais elles sont utiles car on lâche tout ce qu'on a à se dire. Après, on sait ce que ressent sa copine et on fait attention à ses défauts.

@Jade, 12 ans

C'est normal de se disputer avec ses amies. On ne peut pas être d'accord sur tout !

BON À SAVOIR

GUIDE ANTIDISPUTES

Marre des bagarres pour un oui, pour un non ? Évite-les...

Ne laisse pas les problèmes s'accumuler

Dès que quelque chose ne va pas, parles-en. Si tu tardes, les reproches vont s'entasser dans ta tête et le jour où tu vas « exploser », ça risque de faire très mal...

Évite d'être agressive, méchante ou moqueuse

Tu n'aimerais pas qu'on te ridiculise ou qu'on te malmène ?
C'est la même chose pour tes copines. Respecte leur sensibilité. Sinon, ne t'étonne pas qu'on te renvoie un jour la pareille...

Sois franche

L'attitude de ta copine t'a déplu ?
Dis-le-lui sans détour. Même si ce n'est pas très agréable à entendre, mieux vaut qu'elle l'apprenne par toi plutôt que par les ragots de la cour...
Sois diplomate : ne lui fais pas une scène devant toute la bande, elle se sentira humiliée.
Parle-lui avec douceur, critique plutôt ses actes que sa personnalité. Par exemple, dis-lui : « je ne comprends pas pourquoi tu ne m'as pas attendue hier » plutôt que « t'es nulle, tu ne m'as même pas attendue hier ! ».

Ne t'emporte pas trop vite

Attention : la colère est mauvaise conseillère. Avant d'exploser, pose-toi la question : la situation vaut-elle vraiment la peine de s'énerver ?
Et essaie de te maîtriser.

Reste ouverte au dialogue

Ne sois pas butée, écoute les arguments de ta copine... même s'ils te déplaisent.

Reconnais tes torts

Si tu t'aperçois que tu t'es trompée, excuse-toi rapidement. Tu éviteras de t'enfoncer dans la dispute.

BON À SAVOIR

SE RÉCONCILIER EN 4 LEÇONS

Tu t'es disputée avec ta copine et tu trouves ça trop bête ? Il est temps d'agir !

Leçon 1 : fais le premier pas

Vous boudez chacune dans votre coin ? Bravo ! C'est sûr, en agissant ainsi, vous allez vite vous réconcilier… Allez, un peu de courage. Après tout, qui fait le premier pas, tu t'en fiches ! C'est votre amitié qui est importante, non ? Si aucune de vous deux ne se décide, vous serez toutes les deux perdantes. Et plus vous attendrez, plus ce sera difficile.
Si tu es vraiment fâchée, laisse passer un ou deux jours. Puis lance-toi. Entame la conversation avec une phrase comme « tu me manques » ou « c'est trop bête qu'on soit fâchées ». Si tu as du mal à lui dire en face, donne-lui un petit mot ! Ne te vexe pas si, au début, ta copine ne veut pas te répondre. Sans doute est-elle encore trop en colère. Donne-lui un peu de temps en lui précisant que si elle a envie d'en parler, tu l'attends.

Leçon 2 : explique-toi

Ça y est ! Vous êtes prêtes à discuter. D'abord, ne cherche pas qui a tort, qui a raison. Ce n'est pas le plus important. L'essentiel, c'est que tu comprennes les sentiments de ta copine et réciproquement. Écoute-la jusqu'au bout, sans l'interrompre. Essaie de t'imaginer à sa place. Tu percevras mieux son point de vue. Et même si tu n'es pas d'accord, tu sauras mieux pourquoi elle s'est énervée ou elle s'est sentie blessée. Ensuite, explique-toi à ton tour.

BON À SAVOIR

Une petite précision : ce problème ne concerne que vous, alors inutile d'inviter toute la bande : ça ne les regarde pas ! Ils risqueraient de tout compliquer. C'est déjà assez difficile comme ça, non ?

Leçon 3 : exprime tes émotions

Essaie de parler calmement, sans agressivité. Ton amie t'écoutera plus facilement. Débute plutôt tes phrases par « je » en racontant ce que tu as ressenti. Exemple : « Je me suis senti rejetée quand tu es allée au ciné avec Anna sans moi. »
C'est beaucoup plus clair que « tu es allée au ciné avec Anna ! ».

Leçon 4 : cherche des solutions

Tu connais ses sentiments et elle les tiens. Maintenant, vous allez pouvoir avancer. Si tu as blessé ton amie sans le vouloir, excuse-toi. Même si, à tes yeux, tu n'as rien fait de mal, tu peux être désolée de lui avoir fait de la peine. Tu lui montres ainsi que tu respectes ses sentiments et que tu en tiens compte. Tu peux être fière : tu es une véritable amie ! Peut-être que ce sera à toi de pardonner. Parfois, c'est difficile, c'est vrai. Ne crois pas qu'en l'excusant, tu effaces tout, comme si rien ne s'était passé. Bien sûr, tu n'oublies pas, mais tu décides plutôt que cette histoire appartient maintenant au passé. En route pour l'avenir !
Malgré vos efforts, vous n'arrivez toujours pas à tomber d'accord ? Ce n'est pas grave ! Vous n'êtes pas forcées de penser la même chose, mais vous pouvez décider de rester amies malgré tout. Une preuve de plus que votre amitié compte vraiment pour vous !

SOS JULIE

J'AI DEUX COPINES QUE J'ADORE MAIS ELLES NE S'ENTENDENT PAS

Peut-être qu'elles ne partagent pas du tout les mêmes goûts, tout simplement !
Dans ce cas, n'insiste pas. Tu ne peux pas les forcer à s'apprécier. Arrange-toi pour les voir l'une et l'autre, en restant discrète. Tu éviteras ainsi de leur faire de la peine inutilement.
À moins qu'elles ne soient un peu jalouses : dès que tu te rapproches de l'une, l'autre se sent mise à l'écart. La rivalité s'installe et la dispute gronde. Que faire ? D'abord, rassure-les : elles comptent autant pour toi l'une que l'autre.
Mais rappelle-leur qu'être amies, ce n'est pas enfermer l'autre dans une cage !
Et si parfois tu passes du temps avec l'une, ça ne veut pas dire que tu t'éloignes de l'autre.

Bien sûr, l'amitié à trois ne repose pas sur la même complicité. Tu apprécies tes deux copines pour des raisons différentes. Et si vous listiez ensemble vos goûts communs ? Cela vous permettra de mieux vous connaître... et mieux vous apprécier. Si elles te demandent de choisir, surtout, n'entre pas dans leur jeu ! Propose-leur plutôt de sceller un pacte à trois : au moindre malaise, on s'exprime ! Ainsi, vous serez plus à l'écoute les unes des autres et vous dissiperez plus vite les malentendus.

@Chloé, 12 ans

Essaie de comprendre pourquoi elles ne se parlent pas et tente de montrer à tes deux copines les qualités de l'autre.

@Justine, 12 ans

Ne reste avec aucune des deux jusqu'au moment où elles comprendront que tu en as marre de ces disputes de gamines.

MON AMIE M'A LAISSÉE TOMBER !

C'est normal que tu sois triste. Vous étiez très complices et voilà qu'elle « t'abandonne » ! C'est dur. Hélas, tout le monde traverse la même épreuve un jour, même les adultes ! Ça fait partie de la vie. C'est ça aussi, grandir : accepter d'être déçue, de ne pas être aimée de tout le monde.

Tu te demandes sans doute ce que tu as fait pour « mériter ça ». Peut-être... rien ! Toi et ton amie, vous avez peut-être simplement grandi à des rythmes différents et vous vous êtes éloignées l'une de l'autre. Peut-être aussi que tu as accordé ta confiance un peu trop vite. Cette amie n'était pas vraiment sincère avec toi. La prochaine fois, tu seras plus prudente.

Mais si cette situation se répète souvent, réfléchis : avec ton amie, peut-être parlais-tu trop de toi ? Pour échanger, il faut savoir se confier mais aussi écouter les autres. Ou alors, tu lui demandais trop : tu réclamais toujours plus de preuves d'amitié et ton amie en a eu assez de ne jamais te satisfaire. C'est normal de faire des erreurs : tu es en plein apprentissage !

@Djamila, 11 ans

Si ta copine t'a laissée tomber sans aucune raison valable, c'est que ce n'était pas une vraie copine. Essaie de l'oublier et trouve-toi d'autres copines.

@Lou, 12 ans

Je sais ce qu'on ressent, c'est très difficile. Mais il faut passer le cap, te faire d'autres copines.

@Jade, 9 ans et demi

Si ce n'est qu'une dispute, va lui parler ou écris-lui une lettre, vous pourrez sûrement vous réconcilier.

QUELLE PAIRE DE COPINES ÊTES-VOUS ?

Pour découvrir les dessous de votre amitié, faites chacune de votre côté le test sans vous concerter puis additionnez vos résultats.

1 Quand vous papotez ensemble tu as l'impression...

A Que vous pensez la même chose au même moment, extraordinaire.
B Qu'elle t'écoute vraiment.
C Qu'elle aime avoir le dernier mot.

2 Si à la rentrée vous n'êtes pas dans la même classe...

A Tu te sens un peu perdue.
B Tu fais la grève des devoirs !
C Tu ne restes pas seule longtemps, bavarde comme tu es !

3 Ta copine est invitée à la soirée pyjama de Zoé, pas toi !

A Si elle y va sans toi, c'est une trahison.
B Tu organises le même soir une karaoké-partie en représailles !
C Tu es un peu vexée sur le coup, mais après tout à chacune sa vie.

4 Qu'est-ce qui vous rapproche ?

A Vous partagez les mêmes centres d'intérêt.
B Vous avez les mêmes qualités de cœur.
C Vous ne pouvez pas piffer les mêmes filles.

5 Vous craquez pour le même sac en jean en solde : une affaire !

A Vous l'achetez toutes les deux, trop marrant d'avoir le même !
B Cela te fait plaisir de le lui offrir.
C Tu l'as vu la première, il est pour toi !

6 Qu'est-ce qui pourrait mettre un terme à votre histoire d'amitié ?

A Déménager à l'autre bout de la France.
B Tomber amoureuse du même garçon.
C Ne plus partager les mêmes goûts en grandissant.

Test de Laurence Rémy

	1	2	3	4	5	6
A	3	2	3	3	3	3
B	2	3	1	2	2	1
C	1	1	2	1	1	2

Vous avez jusqu'à 14 points

À deux vous vous sentez plus fortes. Quel duo de choc ! Votre amitié vous donne des ailes dans le dos... et vous pousse parfois à faire des bêtises. Entre vous c'est aussi tout feu tout flamme. Entre prises de bec et réconciliations, les autres filles s'étonnent que vous soyez toujours copines.

Vous avez entre 15 et 25 points

Vos deux tempéraments s'accordent parfaitement. Confiance et respect sont les piliers de votre amitié. Vous avez un jardin secret dont vous seules avez la clef, vous échangez vos confidences, mais vous ne vous coupez pas pour autant du reste de la classe. Voilà une histoire qui est faite pour durer.

Vous avez 26 points et plus

Trop exclusives, vous avez tendance à faire le vide autour de vous. Pas question de prendre une décision sans l'avis de l'autre. Vous manquez d'autonomie. Aérez votre amitié. Il y a sûrement dans la classe des filles sympas qui aimeraient mieux vous connaître.

SOS JULIE

MA COPINE DÉMÉNAGE !

Tu as peur que votre amitié s'en aille avec elle ? Rassure-toi : être amies à distance, c'est tout à fait possible ! Il arrive même que certaines amies ne se voient pas pendant plusieurs mois. Et quand elles se retrouvent, c'est comme si elles ne s'étaient jamais quittées ! Seulement, l'amitié, ça s'entretient. Et quand on vit loin l'une de l'autre, cela demande peut-être un peu plus d'efforts. Mais rien d'insurmontable ! Vous pouvez par exemple vous écrire, vous envoyer des e-mails, vous retrouver pour les vacances, vous fixer un « rendez-vous téléphonique » secret, tenir un journal à deux que vous vous faites passer régulièrement… Les solutions ne manquent pas !

@Margaux, 10 ans et demi

Si ta copine déménage (ou toi), tu peux faire un cahier avec tes meilleurs souvenirs avec elle, des photos, des délires. Ça t'aidera à être moins triste.

@Lucie, 9 ans

N'essaie pas d'oublier ta copine, tu n'y arriveras pas. Quand tu penses à elle, essaie que ce soit des souvenirs qui te font rire, pas pleurer. Et garde une photo d'elle près de ta table de chevet.

@Camille, 13 ans

Souvent on dit « loin des yeux, loin du cœur », mais ce n'est pas toujours vrai ! Moi, j'ai déménagé 4 fois et j'ai gardé le contact avec mes anciennes copines grâce au téléphone, e-mails, lettres…

RÉSERVÉ AUX COPINES

Une soirée pyjama

Évidemment ! Au programme : nuit blanche, papotage, friandises et fous rires endiablés !

Le film de ta vie

Il pleut cet après-midi ? Tant mieux ! Caméra au poing ou appareil photo jetable en main, imaginez-vous une vie de star, filmez vos délires ou créez votre roman photo !

Inventez-vous un code secret

Pour parler incognito des garçons, donnez-leur des noms connus de vous seules. Vous pourrez jacasser tranquillement sans qu'ils se doutent de rien !

Les jumelles se démènent

Pour une journée ou plus, toi et ta copine, transformez-vous en clones : même look, même coiffure, mêmes attitudes et jugez de l'effet.

Le Photomaton délire

Allez périodiquement pour des séances de photos rigolotes dans un Photomaton. Posez en double à chaque fois : chacune peut garder la sienne !

Le rendez-vous

Dans une boîte en fer, réunissez vos souvenirs : photos, invitations, bracelets d'amitié... Et enterrez-la dans un endroit connu de vous seules (gardez une carte avec l'emplacement). Promettez-vous de l'ouvrir dans deux, cinq ou dix ans !

La loge de la star

Vous êtes toutes les deux ultrafans de cette chanteuse ? Après le concert, faites le siège de sa loge pour obtenir un autographe, ou essayez d'attendrir le vigile à l'entrée des artistes.

SOS JULIE

MES PARENTS N'AIMENT PAS MA COPINE

Qu'est-ce qu'ils lui reprochent ? Rien de particulier ? Ils ont peut-être un peu de mal à accepter que tu échappes à leur contrôle. Si tu réfléchis bien, les copines, c'est ton premier choix libre. Personne ne t'a dicté d'être amie avec Unetelle, c'est ta propre décision, ton premier pas vers ta vie d'adulte. Pas étonnant que ça coince côté parents. Tu les connais : ils ont souvent du mal à voir grandir leurs enfants.

Ils trouvent en revanche que cette amie a une mauvaise influence sur toi ? Et toi, qu'en penses-tu ? Peut-être qu'elle est très différente de toi, qu'elle ne dit jamais bonjour, par exemple. Et tes parents ont peur que tu deviennes comme elle, eux qui sont si sévères sur la politesse ! Rassure-les : tu n'as pas envie de copier son attitude. Montre-leur qu'elle a des qualités. Aide-les à mieux la connaître en l'invitant, en les faisant discuter ensemble, etc. Ils vont sûrement finir par s'entendre !

L'avis de l'expert

Attention, si cette amie fait baisser tes résultats scolaires, qu'elle te pousse à voler ou à faire d'autres choses « interdites », c'est normal que tes parents s'inquiètent. Et ils ont raison. Essaie de prendre un peu de recul.

Sylvie Companyo, psychologue

@Pauline, 11 ans

Tant que tes parents ne voient pas ta copine, ça va. Mais si elle vient souvent chez toi, attention, ils finiront peut-être par t'interdire de la fréquenter. Dis-leur toutes les qualités de ta copine. Si ça ne marche pas, demande à ton amie d'être plus polie…

@Perrine, 11 ans

Ce n'est pas grave si tes parents n'aiment pas ton amie. Tu n'es pas obligée de leur parler d'elle…

BON À SAVOIR

MON MEILLEUR SOUVENIR D'AMITIÉ

☆ Quand nous nous sommes maquillées en clown avec plein de miettes de gâteau au chocolat autour de la bouche ! Quel fou rire !

Inès, 12 ans

☆ On était en cours de technologie et on se faisait des grimaces. Qu'est-ce qu'on rigolait ! Le prof nous a dit de refaire les grimaces devant toute la classe « pour voir si c'était drôle », sinon, c'était une heure de colle. Vous imaginez le désastre : tout le monde se moquait ! Mais nous, on ne pouvait plus s'arrêter de rire !

Pauline, 12 ans

☆ La dernière fois que je me suis fait gronder au collège, ma copine a pris ma défense et elle aussi, a eu une réflexion de la directrice et du surveillant !

Soraya, 13 ans

☆ On était chez une copine et on s'était déguisées pour sonner chez une autre copine. Pendant tout le trajet, les gens nous regardaient d'un drôle d'air. Qu'est-ce que c'était marrant !

Solène, 11 ans

☆ On était en train de rigoler, comme d'habitude, quand une voiture qui allait à toute vitesse était sur le point de me renverser. Ma meilleure amie m'a poussée sur le côté et s'est fait écraser le pied. On a dû lui recoudre. Elle m'a sauvé la vie ! Je lui serai toujours reconnaissante.

Sophie, 10 ans

☆ L'année dernière, j'ai eu l'appendicite. J'avais super mal. Mais ma meilleure amie me soutenait et me disait de tenir le coup. Elle m'a expliqué tous les cours que j'ai ratés à l'école. C'est pas une vraie amie, ça ?

Moana, 12 ans

TU ES AMOUREUSE !

Les garçons... Qui sont donc ces êtres mystérieux ?
Lève le voile dans ce chapitre ! Comment mieux les comprendre, savoir ce qu'ils pensent de toi, leur avouer tes sentiments ou arriver à leur plaire... ? Tout est là !

BON À SAVOIR

LA VÉRITÉ SUR LES GARÇONS

Stop aux idées toutes faites !
Perce enfin le « mystère garçons ».

Ils ne pensent qu'au foot (voitures, jeux vidéo...)

FAUX

Et toi, tu ne penses qu'à ta tenue vestimentaire, bien sûr ! C'est un peu réducteur, non ? C'est vrai, vous n'avez pas les mêmes goûts, mais ils ne sont pas déterminés dès la naissance en fonction du sexe. La preuve, tu connais sûrement des garçons qui détestent le foot ! Alors, d'où viennent vos différences ?
Pour certains, la réponse est biologique : vos corps ne sont pas pareils, ça explique tout !
Ils pensent par exemple qu'une substance chimique présente seulement chez les garçons les rendrait plus « remuants » et agressifs. Mais rien ne le prouve !
En fait, les principaux responsables, ce sont... vos parents ! Ou plutôt l'éducation qu'ils vous donnent.
Ce sont eux qui choisissent, pour vous, jouets et activités. Et, sans s'en rendre compte, ils n'adoptent pas le même comportement avec leur fille ou leur fils. Toi, par exemple, ils vont plutôt te pousser à jouer dans le calme alors qu'ils vont « faire la bagarre » avec ton frère ! Aussi, tu apprends très tôt à réagir conformément à ce qu'on attend de toi. Et voilà !

Les filles ne les intéressent pas

VRAI / FAUX

Tout dépend de leur âge. Tu es en CM1, CM2 ? Observe la cour de récré : garçons et filles jouent dans leur coin et se mélangent rarement. À ton âge, c'est normal. Vous avez besoin de vous retrouver entre gens du même

BON À SAVOIR

sexe pour mieux comprendre qui vous êtes. Tout change avec l'arrivée de la puberté. L'autre sexe devient alors plus intéressant. Mais comme vous n'évoluez pas au même rythme, tu as peut-être l'impression que les garçons se moquent complètement des filles. Au contraire ! Ils ne sont pas stupides ! Ils se rendent bien compte que, de ton côté, tu changes. Et c'est justement ça qui les met un peu mal à l'aise. Voilà pourquoi ils peuvent parfois te trouver collante ou réagir maladroitement quand tu leur avoues ton amour. D'ici quelques années, vous vous rapprocherez.

Un garçon, ça ne pleure pas

FAUX

Ah bon ? Parce qu'être triste, c'est réservé aux filles ? Bien sûr que les garçons aussi ont du chagrin ! Le problème, c'est que, pour un garçon, pleurer, c'est mal vu. C'est bien connu, il doit être fort en toutes circonstances, sinon, gare aux moqueries... Aussi, plutôt que d'afficher sa peine, le garçon fait tout pour éviter de craquer : il tape, s'énerve. Dommage ! S'il laissait couler ses larmes, ça le soulagerait mieux. Alors, n'oublie pas : interdit de se moquer d'un garçon qui pleure.

Ils ont du mal à exprimer leurs sentiments

VRAI / FAUX

Certains oui, d'autres non ! D'ailleurs, les filles aussi peuvent avoir du mal à exprimer leurs sentiments. Mais dans la tête des gens, ce sont les filles, les bavardes. Forcément, dès l'enfance, on les encourage à parler, à dire ce qu'elles ressentent. Avec les garçons, on n'a pas la même attitude. Mais ça ne veut pas dire qu'ils sont incapables de parler de leurs sentiments !

BON À SAVOIR

L'AMITIÉ AVEC UN GARÇON, C'EST POSSIBLE ?

☆ Bien sûr que l'amitié avec un garçon est possible ! Je pense même que c'est mieux car il n'y a pas cette rivalité, cette jalousie qui peut se passer entre filles.

Charlotte, 11 ans et demi

☆ Si on ne leur parle pas, c'est sûr qu'on ne peut pas les connaître ! Il y en a qui pensent que dès qu'on est amie avec un garçon, c'est parce qu'on est amoureuse de lui, mais c'est faux !

Claire, 10 ans

☆ On peut avoir une amitié garçon/fille. La différence, c'est que les conversations avec les garçons sont plus intéressantes. On parle moins « pour ne rien dire ».

Zoé, 12 ans

☆ Avoir un garçon pour ami, c'est sympa mais un peu dangereux, parce qu'on risque de tomber amoureuse. Les garçons ne sont pas du tout confidences, plutôt sport et blagueurs.

Laura, 11 ans

☆ Avoir des amis garçons, c'est super ! Ils peuvent te conseiller pour les histoires d'amour et puis, ils t'écoutent beaucoup plus que les filles.

Estelle, 12 ans et demi

☆ Avec les garçons, on rigole beaucoup ! Il faut dire qu'on ne leur parle pas comme à une fille. Ils se posent moins de questions.

Dina, 13 ans

☆ Moi, j'ai plein d'amis garçons. On parle des films qu'on a vus, on joue ensemble. Le problème avec eux, c'est qu'ils ne laissent pas paraître leurs sentiments. Ils se cachent en faisant « les bébés ».

Mathilde, 9 ans

LES GARÇONS NE M'INTÉRESSENT PAS, C'EST NORMAL ?

Tout à fait ! Que les garçons t'indiffèrent, c'est ton droit ! Ce qui serait embêtant, c'est que tu te forces à faire quelque chose dont tu n'as pas envie, comme sortir avec un garçon, par exemple, simplement pour être comme les copines. Pour le moment, à tes yeux, les garçons ne sont peut-être que de bons amis ou… tous des idiots ! Tu es loin de te demander si tu plais à X ou si Y a apprécié ta tenue.
Tu as bien raison ! En revanche, c'est un peu dommage de ne pas chercher à mieux les connaître.
Ils pourraient sûrement t'apprendre plein de choses.
Essaie de partager des activités avec eux, lance un débat en classe…
Quant aux copines, si leurs conversations « d'amoureuses » t'énervent, explique-leur que tu aimerais bien changer de sujet ou bien éloigne-toi.

@Noémie, 11 ans

D'un côté, je me fiche des garçons, et de l'autre, je m'y intéresse. Il faut avouer : j'ai quand même envie d'un copain.
À mon avis, toutes les filles sont un peu comme ça, tu ne crois pas ?

L'avis de l'expert

Tu ne vas pas te réveiller un jour en te disant « ah, tiens, les garçons m'intéressent ! ».
La découverte de l'autre sexe prend du temps, se fait petit à petit et surtout chacun à son rythme.

Sylvie Companyo, psychologue

@Noura, 11 ans

Jusqu'au collège, j'étais comme toi. Mais depuis, ça a changé. Je me mélange plus aux garçons, je me sens plus mûre et j'ai envie d'essayer de nouvelles choses.

@Perrine, 11 ans et demi

C'est normal de ne pas penser aux garçons, on a le temps ! S'intéresser à eux et en trouver un qui nous plaît vraiment peut attendre, non ?

BON À SAVOIR

L'AMOUR, C'EST QUOI ?

☆ Le vrai amour est assez fort pour ne pas laisser de place au doute, à l'hésitation. Quand on aime vraiment, on le sent au fond de soi. Il n'y a pas de plus ou de moins. On aime, c'est tout.

Nora, 13 ans

☆ Quand un garçon te fait tourner la tête, qu'il vient dans tes rêves murmurer des mots doux et que dès que tu le vois, tu es super contente, alors, tu es amoureuse!

Laurie, 10 ans

☆ D'après moi, on ne peut pas tellement exprimer ce qu'on ressent quand on est amoureux. On arrive juste à dire qu'on a l'impression d'être bien et bizarre en même temps.

Muriel, 12 ans

☆ Je ne pense pas qu'à notre âge, on éprouve vraiment de l'amour. On croit que oui mais non. On sort avec des garçons juste pour s'amuser.

Chloé, 11 ans et demi

☆ Pour moi, l'amour est un sentiment très profond. Je me sens étrange, un mélange de joie et de peur. C'est magique.

Lou, 10 ans

☆ Pour moi, l'amour est une force. Lorsqu'on aime et qu'on l'est en retour, le monde va bien, on se sent bien, légère, et tout devient simple.

Djamila, 13 ans

L'avis de l'expert

Même si, à ton âge, on n'aime pas comme entre adultes, ce que tu éprouves n'est pas moins fort ! L'amour, c'est quoi ? Tu l'ignores encore. Tu as déjà du mal à te connaître, alors te dévoiler à un autre ! Surtout, ne brûle pas les étapes, donne-toi le temps de faire des « expériences ». Et sois rassurée : oui, tu es digne d'être aimée, c'est sûr !

Sylvie Companyo, psychologue

ES-TU VRAIMENT AMOUREUSE ?

Tu as craqué sur quelqu'un, mais tu n'es pas sûre de tes sentiments ? Fais le point.

Mode d'emploi : entoure de 0 à 3 cœurs par proposition. Plus tu en entoures, plus la phrase correspond à ton attitude.

- Depuis que tu as croisé sa route, les autres te paraissent sans intérêt. ♡♡♡
- Tu n'as que son prénom à la bouche. Ça ennuie tes copines, mais tu t'en moques ! ♡♡♡
- Quelqu'un d'autre que toi l'approche d'un peu trop près ? Tu deviens verte de jalousie ! ♡♡♡
- L'intelligence, l'humour, la gentillesse… tu ne lui trouves que des qualités ! ♡♡♡
- Tu t'arranges pour croiser son chemin « par hasard », souvent. Et dès que tu l'aperçois, ton cœur s'emballe. ♡♡♡
- Tu souhaites partager ses goûts et ses passions. ♡♡♡
- Pour lui plaire, tu ferais des choses que tu détestes : jouer aux échecs par exemple. ♡♡♡
- En sa présence, tu perds tes moyens : tu rougis, tu bafouilles. ♡♡♡
- Tu voudrais être tout le temps à ses côtés. Une journée sans se voir ? C'est trop dur ! ♡♡♡

Totalise les ♡ que tu as entourés. Tu l'aimes…

De 0 à 8 : … un peu

D'accord, cette personne t'attire. Mais l'aimes-tu pour autant ? Pas certain. Si tu croisais quelqu'un d'autre d'aussi sympa, tu pourrais changer d'avis. Un conseil : laisse passer un peu de temps pour y voir plus clair.

De 9 à 17 : … beaucoup

Amoureuse, tu l'es, mais pas au point de perdre la tête. Si tu acceptes de faire des efforts pour attirer son attention, tu refuses de lui courir après. D'ailleurs, avant d'avouer tes sentiments, tu veux t'assurer qu'on ne se moque pas de toi. C'est plus prudent !

De 18 à 27 : … à la folie

Aucun doute, tu présentes les symptômes de l'amour avec un grand A ! Est-ce grave ? Non, à condition que tu gardes d'autres centres d'intérêt et que tes sentiments soient partagés. Essaie d'en savoir un peu plus…

Test de Julie Got

LES ASTUCES DE JULIE

5 MANIÈRES DE DIRE À QUELQU'UN QU'ON L'AIME

Pas facile d'avouer ses sentiments...

Lui écrire

Sois simple. Si tu « sèches », tu peux t'inspirer d'un livre ou inventer un poème. Puis glisse discrètement ton message dans son manteau ou donne-lui en main propre quand il est seul.

+ Pas de face-à-face. Devant ta feuille, tu peux réfléchir, choisir tes mots, recommencer...
– Tu ne vois pas sa réaction.

@Zoé, 13 ans

> Appelle la personne que tu aimes pour un faux sondage anonyme sur l'amour et les ados. Pour éviter qu'elle te reconnaisse, demande à une copine de confiance à la voix plus mûre de l'interroger à ta place en mettant le haut-parleur.

@Ryme, 10 ans

> Va voir la personne à la récré et avoue-lui ton amour. Si tu es timide, entraîne-toi devant la glace.

@Kenza, 12 ans

> Mon conseil : la lettre. Ne parle pas trop de ce que tu penses de lui, pose-lui plutôt des questions et demande-lui de répondre.

Lui dire

Choisis un moment où la personne est seule. Dis-lui simplement ce que tu ressens, que tu aimes bien être avec elle, qu'elle te plaît... Essaie de la regarder dans les yeux. Si tu es un peu intimidée, que tu bafouilles, ne panique pas, c'est plutôt touchant.

+ Tu as tout de suite la réponse et tu peux observer sa réaction.
– Si la personne ne t'aime pas, c'est difficile de lui cacher ta peine.

LES ASTUCES DE JULIE

@Lola, 13 ans

Évite le téléphone : tu ne vois pas son expression et quand on dit ce genre de chose, il est important de voir la réaction de l'autre.

@Lucile, 11 ans

Les garçons sont très pudiques : ils n'aiment pas exprimer leurs sentiments. Alors parle-lui sans ses copains ni tes copines autour de vous.

Lui faire passer le message

Demande à une copine « sûre » de jouer les intermédiaires ou adresse-toi à son meilleur copain pour savoir s'il a un faible pour toi.

+ Tu évites de « l'affronter ».

– Cette méthode agace souvent les garçons et il y a toujours un risque que le messager ne soit pas « fiable »...

Jouer le mystère

Envoie-lui une lettre ou un SMS avec une phrase marrante comme : « On est dans la même classe et j'ai envie de mieux te connaître. Qui suis-je ? Signé : une admiratrice inconnue. »

+ Drôle, tu peux observer sa réaction incognito et voir s'il partage tes sentiments.

– Il peut ne pas comprendre.

Lui avouer par téléphone

Lance-toi directement ou prépare à l'avance ce que tu veux lui dire.

+ Protégée par l'appareil, tu es moins intimidée et tu n'as pas à soutenir son regard...

– Tu peux perdre le fil et tu ne vois pas sa réaction.

@Julie, 9 ans

Moi, j'ai fait une lettre avec un jeu. J'avais marqué « je t'aime, un peu, beaucoup... » et j'avais entouré ce que je pensais. Ensuite, je l'ai mise dans son casier. Quand il me l'a rendue, il avait entouré « un peu » !

@Marie, 9 ans et demi

Rapproche-toi d'abord de lui afin d'être déjà une amie, ce sera plus facile de lui parler. T'es trop timide ? Fais-lui une charade amusante, une devinette, ou bien dis-lui qu'il est plus qu'un ami, il comprendra...

SOS JULIE

J'AIME DEUX GARÇONS. COMMENT CHOISIR ?

Entre les deux, ton cœur balance ! Tu découvres le sentiment amoureux, c'est génial. C'est normal d'avoir quelques hésitations car tu n'es pas encore très sûre de ce que tu ressens. Qu'est-ce qui te plaît chez ces deux garçons ? Attention : essaie de bien faire la distinction entre la sensation amoureuse et le simple fait de trouver un garçon… charmant.

Pas de doute : ils te font craquer tous les deux ? Passe du temps avec chacun d'eux, vois celui qui te manque le plus et laisse parler ton cœur. Mais méfie-toi, ces garçons ne sont pas à ta disposition. Ce sont des êtres humains, comme toi, dotés de sensibilité. Mets-toi une seconde à leur place. Si un garçon te disait qu'il n'arrive pas à choisir entre toi et ta meilleure amie, tu te dirais sûrement : « Quel nul ! En fait, il n'en aime aucune des deux ! »

Une dernière chose : Sais-tu ce que ces garçons éprouvent à ton égard ? Cela pourrait sans doute t'aider à choisir…

@Héloïse, 11 ans

Pour choisir, prends celui avec qui tu es le plus à l'aise et qui est le plus gentil avec toi.

@Jade, 13 ans

Tu peux apprécier deux garçons à la fois mais n'être amoureuse que de l'un d'eux ou d'aucun d'ailleurs ! Prends ton temps pour bien les connaître. Comme ça, tu sauras aussi lequel des deux tient vraiment à toi.

@Maya, 10 ans

Imagine que tu déménages ou évite-les tous les deux pendant une semaine. Celui qui t'a le plus manqué, c'est le bon ! Mais surtout, ne sors pas avec les deux en même temps !

JE SUIS AMOUREUSE DE MON MEILLEUR AMI !

Tu te demandes si tu dois lui avouer ? Personne ne peut prendre la décision à ta place. D'abord, tu dois être bien sûre de tes sentiments. Ensuite, réfléchis : comment le prendras-tu s'il ne t'aime pas ? Arriveras-tu à te contenter de votre amitié ? Surtout que vous serez sûrement un peu mal à l'aise après ton aveu. D'un autre côté, si tu tais ce que tu ressens, tu risques peut-être de le regretter.

Avant de faire quoi que ce soit, essaie de savoir où il en est lui : est-ce que ses sentiments envers toi ont changé ? Tu peux demander aux copines d'observer son comportement et de te donner leur avis. Sans être trop franche, tu peux aussi lui envoyer des signes pour voir comment il réagit. S'il semble amoureux lui aussi, lance-toi. Que ça marche ou pas entre vous, rien ne dit que vous ne resterez pas amis malgré tout.

@Mathilde, 9 ans et demi

Envoie une copine se renseigner. C'est ce que j'ai fait pour ma meilleure amie. Le garçon l'aimait aussi !

L'avis de l'expert

Être amoureuse de son meilleur ami… ou croire qu'on l'est, c'est bien pratique ! Pourquoi ? Parce que ça t'évite de prendre trop de risques. L'amour, c'est l'inconnu, mais ton meilleur ami tu le connais bien, alors ça te fait un peu moins peur…

Sylvie Companyo, psychologue

@Marie, 11 ans

Jouez à action, chiche ou vérité. S'il dit « vérité », demande-lui le nom de son amoureuse.

@Tara, 12 ans

C'est vrai que tu risques de gâcher votre amitié. Pose-lui des questions comme « tu crois que l'amour peut gâcher l'amitié ? ». Après, ça dépend des réponses qu'il te donne !

SOS JULIE

IL M'AIME MAIS MOI NON

C'est quand même chouette de se savoir aimée ! Ça fait plaisir. Mais, même si tu trouves ce garçon touchant, parfois aussi, il t'énerve ! Tu ne sais plus comment t'en sortir sans le blesser.

D'abord, n'oublie pas qu'il lui a fallu du courage pour se déclarer. Aussi, ne sois pas trop dure avec lui. Les garçons aussi ont un cœur ! Bien sûr, cela ne va pas lui faire plaisir mais sois claire et ferme sinon il va espérer : ce sera encore plus pénible pour toi et cela le rendra encore plus malheureux.

Explique-lui par exemple que son aveu te touche mais que tu n'éprouves pas la même chose. S'il te demande pourquoi tu ne l'aimes pas, réponds-lui que l'amour, ça ne se commande pas, ça vient ou pas. Il sera moins blessé que de savoir que tu le trouves bête ou moche, même si c'est vraiment ce que tu penses. Tu peux aussi lui offrir ton amitié si tu en as envie. Et surtout, ne le rejette pas devant ses copains. Si c'est trop dur de lui dire en face, écris-lui. Ta lettre lui permettra de digérer sa déception à l'abri du regard des autres… et surtout du tien.

@Alice, 12 ans

Écris-lui une lettre, donne-la-lui et dis-lui de l'ouvrir le soir ou le week-end.

@Fiona, 13 ans

Surtout fais-le délicatement ! Car moi, j'aime un garçon et il m'a répondu sèchement que lui non et que je devais arrêter de l'énerver. Je l'ai très mal pris.

@Anna, 10 ans

Explique-lui que tu ne l'aimes pas d'amour, avec des mots qui ne le vexeront pas. Mais dis-lui que tu trouves ça très bien de te l'avoir dit.

QU'ÉPROUVE-T-IL POUR TOI ?

De l'amitié à l'amour, il n'y a parfois qu'un pas. Alors, si tu te demandes ce qu'un garçon ressent pour toi, fais ce test : tu auras la réponse !

Mode d'emploi : pour chaque proposition, coche la case qui reflète le mieux l'attitude de « ton » garçon.

	RAREMENT	SOUVENT	TOUJOURS
• Il discute plus avec toi qu'avec tes copines.			
• Si quelqu'un t'attaque, il prend aussitôt ta défense.			
• Vous vous retrouvez tous les deux ? Il te pose plein de questions.			
• Quand tu es à côté de lui, il a tendance à rougir ou à ricaner.			
• S'il a une sortie ou une fête de prévue, il t'invite.			
• Dès qu'il le peut, il te glisse un compliment, du style : « Tu as le sens de l'humour », « Tu es bien habillée ».			
• Il te prête volontiers ses affaires.			
• Il vient te voir à la récré, même s'il n'a rien de spécial à te dire.			
• Tu fais semblant de l'ignorer ? Il a l'air tout triste.			
• Il te regarde et te sourit en cachette.			

Max de RAREMENT : il éprouve de l'amitié

Parce que tu es rigolote et sympa, il aime passer des moments en ta compagnie. Mais pour l'instant, il ne te voit que comme une bonne copine ou une confidente… Ce qui n'est déjà pas mal ! Ainsi, il te prouve qu'il t'a accordé sa confiance…

Max de SOUVENT : il ne sait pas où il en est

Amour ou amitié ? Entre les deux, son cœur balance. Des fois, il se dit que tu es juste une super copine ; et d'autres fois, qu'il est troublé par tes beaux yeux ! Bref, il se perd dans ses sentiments. À toi de l'encourager si tu as envie que vous vous rapprochiez…

Max de TOUJOURS : il t'aime sûrement

Tu doutes encore de son intérêt pour toi ? Tu as tort ! Même s'il s'efforce de le cacher, ce garçon est très sensible à ton charme. Pour se lancer, il n'attend sans doute qu'un signe de ta part. Et si tu ne fais rien, il pourrait bien ne pas bouger, de peur d'être ridicule…

Test de Julie Got

BON À SAVOIR

PLAIRE À UN GARÇON EN 4 LEÇONS

Non, il n'y a pas de recette miracle. Mais voici comment mettre toutes les chances de ton côté...

1. Reste toi-même

Pour qu'il daigne enfin poser les yeux sur toi, tu es prête à tout : changer de look et même... de personnalité ! Oublie tout de suite. Il risque d'être intéressé par une fille qui n'a rien à voir avec celle que tu es vraiment. Fais simple : sois naturelle.

2. Essaie de mieux le connaître

Tu as tout à y gagner ! Déjà, tu sauras vraiment si ce garçon te plaît. Ensuite, en te renseignant sur ses goûts, en passant du temps avec lui, vous apprendrez tous les deux à vous découvrir et... à vous apprécier. L'amour demande du temps pour se construire. Petit à petit, il va peut-être se rendre compte qu'il aime bien être avec toi, que vous fassiez des choses ensemble. Et ce sera peut-être le début d'une belle histoire. Et même si, finalement, tu t'aperçois que tu n'es plus si amoureuse, peut-être auras-tu trouvé un ami ?

@Soraya, 11 ans

> Reste naturelle et ne cherche pas à l'impressionner en te faisant passer pour quelqu'un que tu n'es pas. S'il te trouve sympa mais pas son genre, ça ne vaut pas la peine de changer pour lui.

@Claire, 10 ans

> Essaie de savoir s'il a les mêmes goûts que toi, etc. Peut-être t'apercevras-tu qu'il n'est pas fait pour toi (c'est ce qui s'est passé pour ma copine).

BON À SAVOIR

@Carole, 9 ans

Il faut que tu te familiarises avec lui. Joue plus avec lui, parle-lui, tente de te rapprocher de lui en classe. Avec ces signes, il comprendra.

@Justine, 13 ans

Essaie d'attirer son attention avec des regards mais méfie-toi, ne le fixe pas trop, ne le colle pas, sinon tu vas l'effrayer ou l'énerver.

3. Garde le secret

Ne crie pas ton amour sur tous les toits. C'est intime d'être amoureuse ! Cela ne se partage pas avec n'importe qui. Imagine la réaction du garçon de tes rêves s'il apprend tes sentiments pour lui dans la cour. Il risque d'être très mal à l'aise. Pire, il peut mal réagir en se moquant de toi pour cacher sa gêne. Même s'il éprouve les mêmes sentiments que toi...
Ce serait dommage de tout gâcher, non ? Conclusion : sois discrète.

4. Renonce quand il le faut

Malgré tous tes efforts, il n'y a toujours rien à l'horizon ? Même si tu es déçue, n'insiste pas. L'amour, ça ne se commande pas ! Tu ne peux pas le forcer à t'aimer. Si tu t'entêtes à le suivre partout, il va finir par te trouver collante et pourrait avoir des mots blessants. Bien sûr, ce n'est pas facile. Tu vas sans doute être triste... quelque temps. Puis, tu vas finir par l'oublier et passer à autre chose. Et tu t'apercevras peut-être qu'il y avait juste à côté de toi un garçon super génial qui t'aimait en secret !

BON À SAVOIR

SORTIR AVEC UN GARÇON, C'EST...

Petite liste pour percer le mystère...

- Se promener main dans la main.
- Passer des heures à discuter sans voir le temps passer.
- Regarder un coucher de soleil ou la course des nuages blottis l'un contre l'autre.
- S'échanger des mots doux.
- Se donner des rendez-vous secrets.
- S'embrasser dans le cou, sur les paupières, au creux du bras... et parfois aussi sur la bouche.
- Rester à se regarder dans les yeux sans rien dire.
- S'offrir un bracelet avec le prénom de l'autre.
- Se téléphoner juste pour entendre le son de sa voix.

@Estelle, 12 ans

> Ça veut dire partager des trucs pleins d'émotion avec le garçon.

@Lola, 12 ans

> On sort avec un garçon quand on se sent prête à le faire. Ça veut dire se balader ensemble, aller au ciné et si on le veut s'embrasser.

@Camille, 11 ans

> Sortir avec un garçon, c'est se tenir la main, montrer ses sentiments en rougissant...

@Peggy, 12 ans

> Ça veut dire être amoureux, se faire des bisous...

- Faire la course à la piscine, avec à la clé un baiser pour le vainqueur.
- Faire semblant de jouer à cache-cache juste pour le plaisir d'être rattrapée.
- Refaire 36 fois la même lettre parce qu'on ne trouve pas les mots exacts pour décrire ses sentiments.
- Jouer à deviner les pensées de l'autre.
- Se faire des compliments et les penser vraiment.
- Courir l'un vers l'autre quand on ne s'est pas vus depuis longtemps.
- Regarder un film au ciné les mains entrelacées, la tête posée sur son épaule.

J'AI PAS D'AMOUREUX !

Pas de panique ! Pourquoi devrais-tu en avoir un ? Tu te sens à part parce que tes copines, elles, en ont un, ou parce qu'elles t'ont dit en avoir déjà eu plein ? Méfie-toi : elles en rajoutent peut-être un peu, histoire de passer pour des « grandes ».

Aucune règle ne dit qu'à tel âge, on doit avoir eu un petit copain ! Le plus important, c'est que tu sois à l'écoute de tes envies à toi. Si tu sors avec un garçon « pour faire comme les copines », tu risques d'être très déçue.

D'accord, tu seras peut-être plus semblable aux autres. Mais tu ne te sentiras pas « normale » pour autant car tu ne seras pas en accord avec toi-même. L'amour est un sentiment trop précieux pour le gâcher.

Il faut du temps pour connaître l'autre, l'apprécier. Ne te précipite pas. Ose dire que tu préfères attendre le garçon qui en vaut vraiment la peine plutôt que de te jeter à la tête du premier venu !

L'avis de l'expert

À ton âge, tout le monde se demande : peut-on m'aimer ?

Et cette question t'angoisse sans doute encore plus si tu n'as pas d'amoureux. Rassure-toi : l'amour viendra quand tu te sentiras prête pour ça. Pour l'instant, tu n'as peut-être pas encore rencontré de garçon qui te plaise assez pour avoir avec lui une relation intime. Laisse faire le temps.

Sylvie Companyo, psychologue

@Laurène, 9 ans et demi

On rêve toutes d'avoir un petit copain. On n'a pas moins de chance que les autres. Ça arrive quand il le faut, c'est tout.

@Mei, 11 ans

La première fois que je suis sortie avec un garçon, j'avais 9 ans. Je l'ai beaucoup regretté car je pense que j'étais beaucoup trop jeune !

BON À SAVOIR

LES SECRETS DU BAISER

3 questions pour tout savoir !

Quand dois-je l'embrasser ?

Seulement quand tu te sentiras prête et que tu en auras vraiment envie. Surtout, ne te force pas.
Ce serait vraiment dommage de le faire juste pour voir ou pour « copier » les copines. Au lieu d'en retirer le plaisir d'un échange, tu risques de ne penser qu'à ta « performance ». Tu pourrais même trouver ça dégoûtant. Un baiser, ça ne se donne pas comme ça, au hasard, c'est très intime. Alors réserve-le à quelqu'un qui te plaît vraiment.

@Violette, 13 ans

> Au début, j'étais paniquée ! Je me demandais comment faire. En fait, c'est juste un baiser d'amour : tu caresses tes lèvres avec celles de ton copain. Et si tu aimes vraiment ce garçon, c'est géant !

Et ce n'est pas parce que tu sors avec un garçon que tu es obligée de l'embrasser. Prends ton temps si nécessaire : vous devez en éprouver le désir tous les deux. Écoute ce que tu ressens : quand vous vous connaîtrez bien, que tu te sentiras en confiance, l'envie viendra toute seule.

C'est normal d'avoir peur ?

Bien sûr ! C'est un moment important, non ? Tu te poses sûrement plein de questions : Est-ce que je vais savoir m'y prendre ? Et si je n'aimais pas ça ? Et s'il trouve que j'embrasse mal ? Etc. Tranquillise-toi : ton copain partage certainement les mêmes angoisses. Le moment venu, les doutes s'envoleront et l'envie d'échanger un baiser viendra naturellement.

BON À SAVOIR

Comment on embrasse ?

Ne cherche plus le mode d'emploi détaillé. Il n'existe pas ! S'embrasser, c'est un geste spontané. Pas une prouesse technique. Impossible de te décrire exactement ce qui se passe.
Quand deux amoureux s'embrassent, ils ne réfléchissent pas. Ils se laissent porter par leurs sentiments, leurs émotions.
Au début, leurs lèvres se rapprochent, s'effleurent.
Elles peuvent aussi s'aventurer sur le reste du visage, les paupières, le cou, les joues, le coin des lèvres...
Puis elles s'entrouvrent. Alors, leurs langues se mêlent, se caressent et s'explorent tendrement.

Chacun trouve sa propre manière d'exprimer ce qu'il ressent, autrement qu'avec des mots. Rassure-toi, pour toi aussi, tout se passera de manière naturelle.

@Lola, 12 ans

> Moi aussi avant, je stressais, mais en fait on n'a pas besoin de réfléchir et de trouver une tactique : ça vient tout seul.

@Lili, 12 ans et demi

> La première fois, j'avais tellement peur que j'ai tourné la tête ! En fait, on ne se rend pas compte de ce qu'on fait pendant le baiser.

@Flore, 11 ans

> Ne le fais pas si tu n'en as pas envie sinon tu seras dégoûtée et tu le regretteras ! C'est bête de faire son premier baiser (important) pour concurrencer les copines. Le jour où tu sens que tu es prête et que tu trouves le bon garçon, tu pourras le faire. Ma cousine, elle n'a pas embrassé un garçon avant 16 ans !

SOS JULIE

J'AIME UN GARÇON PLUS ÂGÉ

Vous avez quelques années d'écart et tu te demandes s'il peut s'intéresser à toi ? Pourquoi pas ? En amour, la différence d'âge n'est pas forcément un obstacle ! En fait, tout dépend du nombre d'années qui vous séparent. Si, entre adultes, 5 ou 10 ans ne changent pas grand-chose, dans ton cas, c'est différent. Toi, tu es à la porte de l'adolescence alors que ce garçon l'a peut-être déjà franchie. Très vite, vous n'aurez pas les mêmes attentes, les mêmes envies. Et si c'est le moniteur de la colo ou un prof qui te fait craquer, désolée, mais votre histoire est impossible. Vous vivez dans des univers trop différents pour construire une relation.

L'avis de l'expert

Si tu « craques » ainsi pour un plus vieux, c'est parce qu'il te paraît certainement moins bête que les garçons de ton âge. C'est normal : vous ne grandissez pas au même rythme. En revanche, s'il s'agit d'un adulte, tu cherches sûrement à tester ta toute nouvelle féminité, car lui, c'est aux femmes qu'il s'intéresse, pas aux petites filles... Et puis, au fond, tu sais bien que votre histoire est impossible, n'est-ce pas ?

Sylvie Companyo, psychologue

@Anne, 10 ans

Si tu l'aimes vraiment, l'âge ne compte pas. N'écoute que ton cœur. Plus tard, tu ne seras pas obligée de te marier avec un homme du même âge que toi !

@Naïma, 12 ans et demi

Tout dépend de la différence d'âge : 1 ou 2 ans, aucun problème, les garçons ont toujours un peu de retard sur les filles. Au-delà, je pense que ça n'est bien ni pour toi, ni pour lui.

IL NE M'AIME PLUS !

À 10 ans comme à 30, un chagrin d'amour, ça fait mal. Aimée, tu te sentais peut-être belle et intelligente. Maintenant, tu as sans doute l'impression d'être nulle. Erreur : tu es toujours la même, enfin presque, parce que ce que tu as vécu t'a enrichie et t'a appris des choses sur toi-même. Pourquoi ça n'a pas marché ? Difficile à dire. En amour, tu es encore en apprentissage. Peut-être que tu es allée trop vite, que tu n'as pas bien pris le temps de connaître ton copain, que tu as changé et pas lui...

Tu t'imagines sûrement que ta peine ne s'arrêtera jamais. Pourtant si, c'est une question de temps. Combien ? Quelques jours seulement ou plus, ça dépend des personnes et de l'importance que cet amour avait pour toi.
Même si tu es persuadée du contraire, l'envie d'aimer existe toujours en toi. Elle est juste en sommeil pendant quelque temps... jusqu'à une prochaine rencontre.
Pour atténuer ton chagrin, ne reste pas seule : force-toi à voir tes copines, à faire des activités, même si tu n'en as pas envie. Peu à peu, tu reprendras le dessus... et tu pourras faire de nouvelles rencontres !

@Manon, 11 ans

On n'oublie pas une personne qu'on aime en un clin d'œil ! Mais avec le temps, ça passe et on découvre autre chose...

@Lucie, 12 ans et demi

Moi, j'ai souvent eu des chagrins d'amour mais c'est parce que je m'attache trop vite ! Des fois, je tombe amoureuse de gens que je connais à peine !

@Marie, 11 ans et demi

Concentre-toi sur l'école et les copines, tu y penseras moins.

L'ÉCOLE ? PAS DE PROBLÈME

On aime ou on n'aime pas mais impossible d'y échapper ! Dévore vite mes astuces pour que tout se passe bien dans l'univers scolaire. Je t'apprendrai à développer ta mémoire, à devenir la reine de l'organisation, à plier la corvée des devoirs en deux temps trois mouvements, à réussir tes contrôles et même à faire ami-ami avec les professeurs...

BON À SAVOIR

LES ASTUCES DE JULIE

TESTS

SOS JULIE

PRÊTE POUR LA RENTRÉE ?

Bientôt, les vacances se terminent. Es-tu d'attaque pour la reprise des cours ?

1 Cet été, tu as travaillé :

- Un minimum, pour rester au niveau.
- Assez pour remplir trois cahiers de vacances !
- Ton crawl, mais pas tes cours…

2 Retourner en classe, ça…

- T'enchante : tu commençais à t'ennuyer.
- Te déprime : l'été était trop court !
- T'indiffère : de toute façon, c'est une nécessité.

3 Avant septembre, tu comptes acheter :

- Un cartable et des vêtements.
- Une tonne de fournitures scolaires.
- Rien du tout. Tu attends la liste des profs !

4 Le jour de la rentrée, tu souhaites…

- Être clouée au lit !
- Retrouver tes copines au complet.
- Être dans la classe de ton prof préféré.

5 En ce moment, tu penses :

- À profiter des derniers beaux jours.
- À l'année scolaire qui va commencer.
- Déjà aux prochaines vacances.

Calcule ton score avec :

(visage rieur) = 0 (fantôme) = 1 (cœur) = 2

De 0 à 3 points : euh… pas encore !

Si seulement les congés ne pouvaient jamais se terminer ! La rentrée est une telle corvée que tu préfères ne pas y penser. Du coup, tu n'es pas du tout « armée » pour affronter cette nouvelle année. Penses-y avant le jour J, histoire d'amortir le choc !

De 4 à 7 points : oui, puisqu'il le faut…

Reprendre le chemin de l'école est loin de t'emballer ! Mais puisque tu y es forcée, autant prendre cette obligation du bon côté… et t'y préparer en douceur, pour éviter de stresser. Quand on n'a pas le choix, autant faire au mieux avec, pas vrai ?

De 8 à 10 points : archiprête !

Les vacances sont finies, et alors ? Maintenant que tu es bien reposée, tu as hâte de retrouver tes amies, ta classe et même les profs. Hyperorganisée, tu as déjà tout prévu (et acheté) pour que ta rentrée se passe super bien. Félicitations !

Test de Julie Got

LES ASTUCES DE JULIE

LA RENTRÉE ? MÊME PAS PEUR !

Un peu de préparation et tout ira bien. Suis le guide !

J-15 : reste calme

Non, même avec deux mois sans cours, tu n'as pas tout oublié. En plus, les premiers jours d'école, tu feras certainement des révisions. Alors, relax ! Inutile non plus d'anticiper sur le nouveau programme. Les vacances, ce n'est pas fait pour ça ! Pour te rassurer, tu peux relire un peu tes leçons de l'année précédente deux semaines avant la rentrée.

J-7 : remets-toi dans le bain

Cet été, tu as pris tes aises avec le réveil. Couchée tard, levée tard... C'est normal, ce sont les vacances ! Mais le premier jour d'école, c'est le choc ! Pour éviter la panne d'oreiller le jour J, règle ton réveil chaque soir un peu plus tôt : J-7 : 9 heures, J-6 : 8 h 30, etc., jusqu'à ton heure habituelle de lever. N'oublie pas aussi de te coucher à des heures « normales », entre 20 heures et 21 heures...

J-4 : invente-toi un rituel

Et si tu te programmais un rendez-vous « rentrée plaisir » ? Une séance boutique avec ta maman par exemple, pour choisir ta tenue. Ou bien une photo rigolote avec tes parents, à placer sur ton bureau.

J-3 : appelle les copines

Retrouvez-vous pour un après-midi. Vous pourrez échanger des conseils et... vous rassurer les unes les autres. À plusieurs, on se sent plus fort ! Et si vous faisiez le trajet du premier jour ensemble ?

BON À SAVOIR

DEVIENS UNE SUPER ÉLÈVE EN 10 LEÇONS

1. Ne saute pas le petit déjeuner

Tu as besoin d'énergie pour toute la journée. Si tu ne peux vraiment rien avaler, bois un verre d'eau au réveil ou du jus de fruits. Ça ouvre l'appétit.

2. Prépare tes affaires la veille

Ça t'évitera la panique du petit matin. Glisse cahiers et livres dans ton cartable et pose tes vêtements sur une chaise.

3. Évite de faire tes devoirs à la dernière minute

Angoisse assurée ! Prends de l'avance dès que tu le peux et fais ton travail au fur et à mesure. Sinon, tu seras vite débordée. En moyenne, les enseignants recommandent une demi-heure de travail chaque soir en primaire, une heure en 6ᵉ et 5ᵉ.

4. Relis tes cours le soir même

Ça aide à fixer les choses et tu facilites le travail de ta mémoire. Quand tu reviendras sur ta leçon, ce sera plus facile.

5. Pose des questions en classe

Tous les profs le disent : l'essentiel du travail se fait pendant les cours. Alors, n'hésite pas, profites-en ! Ce n'est pas quand tu seras seule devant tes devoirs qu'on pourra te réexpliquer ce que tu n'as pas compris. N'attends pas, interroge le prof. Ça fait partie de son travail !

6. Aère-toi !

Pour réussir à l'école, il faut aussi penser à faire autre chose ! Savoir se détendre en lisant, en jouant, en pratiquant un sport...

ou sans rien faire du tout ! Le soir, avant les devoirs, réserve-toi une demi-heure de relâche : un jeu de société avec ton frère, une partie de badminton dans le jardin, un épisode (et un seul !) de ta série préférée…

7. Fais de beaux rêves

Bien dormir, c'est important. La nuit, tout ce que tu as appris dans la journée s'organise et se met en place.

8. Méfie-toi des premières impressions

C'est souvent les premiers jours qu'on se fait une idée de ton caractère. Alors, évite les comportements excessifs ou les tenues trop excentriques. On pourrait te coller une étiquette qui ne correspond pas vraiment à ta personnalité et tu aurais du mal à t'en débarrasser.

9. Apprends la leçon avant de t'attaquer aux exercices

Ça paraît évident, pourtant, tu fais souvent l'inverse ! Comment, dans ce cas, veux-tu réussir les exercices ? Sois logique.

10. Soigne tes copies

Si tu rends un devoir taché, raturé ou pire, illisible, c'est sûr, ça ne plaira pas à ton enseignant ! Quand tu écris, applique-toi. Même s'il y a des fautes d'orthographe, il sera plus indulgent.

BON À SAVOIR

MES PARENTS NE PENSENT QU'AUX NOTES !

C'est parce qu'ils s'inquiètent pour ton avenir. Il faut les comprendre. À la télé, dans les journaux, on ne leur parle que de chômage. Franchement, ça ne t'angoisserait pas, toi ? À leur place, tu aimerais que tes enfants soient sûrs d'avoir un métier plus tard et qu'ils puissent choisir celui qui leur plaît.

C'est la même chose pour tes parents ! Pour eux, la réussite scolaire, c'est te donner toutes les chances d'y arriver. Toi, ça te paraît loin, c'est sûr. Et tu préférerais qu'ils t'interrogent sur ta vie à l'école et pas seulement sur tes résultats scolaires ! Et si tu le leur disais ?

L'avis de l'expert

L'école a une place très importante pour tes parents. Si tu réussis, c'est un peu comme s'ils réussissaient eux aussi ! Alors, en dehors de tes notes, ils ne sont pas toujours très curieux.

Et si tu leur proposais ce petit jeu au dîner : raconter le moment le plus rigolo ou le plus horrible de la journée ? Cela te permettrait d'en savoir un peu plus sur leur vie au travail et à tes parents, de s'intéresser à autre chose qu'à tes notes !

Sylvie Companyo, psychologue

@Sarah, 10 ans

Arrange-toi pour avoir des notes correctes et ils te laisseront tranquille.

@Mila, 9 ans

Dis-leur d'arrêter de te mettre la pression ! Que ça te stresse encore plus pour les contrôles et que ça te fait perdre tous tes moyens.

@Marie, 12 ans

C'est normal que tes parents fassent attention à tes notes ! Ils font ça pour t'aider à progresser. Moi, ils n'en ont rien à faire, et franchement, ça m'ennuie !

BON À SAVOIR

ALLER À L'ÉCOLE ME REND MALADE

Cela t'arrive avant chaque contrôle ? Bizarre ? Non, logique ! C'est ta manière à toi d'évacuer ton stress. Hélas ! Cela ne va pas vraiment résoudre ton problème. Il vaudrait mieux que tu essaies d'affronter ce qui t'angoisse. Tu as bien révisé ta leçon ? Alors, courage, c'est sûr, tout se passera bien.

En revanche, si ce scénario se répète trop souvent : mal au ventre, difficultés à t'endormir, etc., ces symptômes indiquent que quelque chose à l'école te perturbe beaucoup. Que se passe-t-il ? Tu as un problème avec un professeur ? Des élèves te harcèlent ou t'agressent ? Réfléchis à ces questions. Écris les réponses sur un papier, tu te sentiras déjà mieux.

Mais surtout, ne reste pas seule avec tes soucis, parles-en avec une copine, tes parents ou un adulte de l'école. Ils sauront comment t'aider.

L'avis de l'expert

C'est souvent difficile pour un enfant d'exprimer ce qu'il ressent. Alors, parfois, c'est le corps qui parle à sa place !

Avec tes maux de ventre ou de tête, tu lances un appel à tes parents : écoutez-moi ! Interrogez-moi ! Câlinez-moi ! Voilà ce que tu leur dis, à ta manière.

En revanche, si ton angoisse est vraiment très très forte et que tu ne te sens pas mieux après avoir discuté avec tes parents, il faut peut-être en parler à un médecin.

Sylvie Companyo, psychologue

BON À SAVOIR

LA VÉRITÉ SUR LA 6E

Fini les racontars ! Voici ce qui t'attend vraiment au collège.

Tu vas te perdre

En tout cas, au début. Il te faudra une bonne semaine pour te repérer dans le dédale des couloirs et des bâtiments. Normal, c'est plus grand que ton ancienne école. Tu auras peut-être la chance d'avoir une seule salle de classe, mais, pour certains cours (physique, musique...), tu devras en changer.

Les profs sont plus sévères

Quelle que soit sa classe, un enseignant reste un enseignant. Le gros changement, c'est que cette année, ce n'est pas un mais presque une dizaine de professeurs différents que tu auras, avec chacun sa façon de faire. Un peu compliqué parfois, c'est vrai. Mais si tu n'accroches pas trop avec l'un d'eux, tu n'as pas à le supporter toute la journée !

Les grands vont t'embêter

Ils ont bien d'autres choses à faire ! Dans certains établissements, ils sont même chargés de te guider dans tes premiers pas au collège. Bien sûr, il y aura toujours des idiots pour t'appeler « minus » ou pour te taquiner. Ignore-les et ils te laisseront tranquille. En revanche, si on s'acharne sur toi, n'hésite pas à en parler à un adulte.

@Estelle, 11 ans

> Tu t'inquiètes pour les copines ? Tous les élèves de 6e se posent la même question ! Tu vas forcément tomber sur l'une d'elles...

@Lola, 11 ans

> En CM2, lors de la visite du collège, j'ai posé plein de questions. Le jour de la rentrée, tout s'est bien passé.

BON À SAVOIR

@Suzanne, 12 ans et dem

> Dans les couloirs, la circulation est simplifiée par des lettres et des chiffres. Ça aide à se repérer.

@Claire, 12 ans

> La plupart des collèges font rentrer les 6es une journée en décalé des autres classes pour ne pas trop les secouer.

@Coline, 12 ans

> Suis les redoublants ou restez à deux, tu ne te perdras pas !

Les cours sont plus difficiles

Tu vas approfondir beaucoup de choses déjà vues en primaire ! Ça te laisse plus de temps pour t'adapter à ton nouvel environnement et à une autre façon de travailler.

Tu as plein de devoirs

Ils vont être un peu plus fournis mais ils seront étalés sur toute la semaine. À toi de t'organiser pour ne pas être débordée. Rassure-toi : on t'expliquera comment faire pendant tes heures d'accompagnement personnalisé. Ne t'étonne pas si les profs ne te disent pas d'apprendre tes leçons. Ils supposent que tu es assez grande pour le faire de toi-même.

@Leïla, 12 ans

> Va sur le site du collège s'il en a un et cherche des infos ou des plans.

@Elsa, 11 ans et demi

> Quand je suis entrée en 6e, on m'a donné « Mon journal de 6e ». Il m'a bien aidée ! Si on ne te le distribue pas, tu peux le télécharger sur Internet : www.cndp.fr/journal6e/sommaire.htm

BON À SAVOIR

BIENVENUE SUR LA PLANÈTE COLLÈGE

Qui croiseras-tu dans ce nouvel univers ? Feuillette l'album photo !

Le principal

Place au « chef » ! Baptisé aussi « proviseur » ou « directeur », son rôle est de diriger l'établissement. Tu ne le fréquenteras pas souvent, sauf si tu es déléguée de classe ou si tu as de très gros problèmes. À ses côtés, un adjoint le seconde dans ses tâches.

Le conseiller principal d'éducation (CPE)

Si tu arrives en retard ou si tu manques un jour d'école, tu devras obligatoirement passer par lui. Son rôle ? Assurer la sécurité et la discipline des élèves, mais il est aussi à leur écoute ! N'hésite pas à lui demander conseil pour créer un club ou t'orienter si tu es perdue dans les couloirs. Plusieurs surveillants ou « pions » l'aident dans son travail.

Le professeur principal

Lui, tu le repéreras assez vite : il t'accueille le jour de la rentrée ! Ensuite, bien sûr, tu le retrouveras pour ses cours. Il discute souvent de la classe avec les autres professeurs et connaît bien ses élèves.

Le conseiller d'orientation psychologue (COP)

Tu ne sais pas quel métier faire plus tard, ni comment y arriver ? Prends rendez-vous avec le COP ! Ses services sont plutôt réservés aux élèves de 3e, mais il n'y a pas d'âge pour s'informer. Par ailleurs, grâce à sa formation en psychologie, il tient vraiment compte des goûts, des intérêts et de la personnalité des élèves pour les conseiller.

Le documentaliste

Une fois que tu le connaîtras, tu ne le regretteras pas ! Son CDI (centre de documentation et d'information) est une vraie mine d'or ! Tu trouveras toutes les infos pour tes exposés et aussi des romans et des BD pour te détendre.

L'infirmière

Un petit bobo, un gros chagrin, une question de santé ? Fais un petit tour à l'infirmerie. On te renseignera. Attention, il n'y en a pas dans tous les collèges.

Et aussi les gens qui font le ménage, qui travaillent à la cantine ou dans les bureaux.

BON À SAVOIR

☆ LE DICO DU COLLÈGE

AP : accompagnement personnalisé. Petite nouveauté de la rentrée 2016, l'AP est un dispositif destiné à t'aider dans ton travail scolaire, que ce soit sur un point de cours ou sur les méthodes de travail. Profites-en !

Colle : punition classique qui consiste à passer plusieurs heures en étude à travailler, en général un mercredi.

Permanence (étude) : un trou dans le planning de la journée ? C'est dans cette salle que tu pourras prendre de l'avance sur tes devoirs, rêvasser ou lire.

Carnet de correspondance : appelé aussi « carnet de liaison », ce livret mentionne tes retards et absences, le règlement intérieur… et sert aussi de lien pour les messages avec tes parents.

SVT : science et vie de la Terre. Sous cette appellation mystérieuse se cache simplement un cours où l'on te parlera biologie et géologie.

Bureau de la vie scolaire : passage obligé pour signaler tes absences ou tes retards.

SOS JULIE

JE REDOUBLE, C'EST LA CATA !

Tu es déçue, c'est normal. Tu te sens peut-être aussi un peu honteuse et coupable. Stop ! Cesse de ruminer ces pensées négatives. Redoubler ne signifie pas que tu es plus bête que les autres. Simplement, cette année, les choses sont sans doute allées un peu trop vite pour toi et tu as eu du mal à suivre. Ou alors, tu n'étais pas tout à fait prête dans ta tête. Tu rêvassais beaucoup, tu avais du mal à te mettre au travail.

Une année de plus, cela va te permettre de souffler un peu, d'apprendre enfin à ton rythme, d'avoir de meilleures notes, bref de repartir sur des bases plus solides.
Si tu étais passée dans la classe supérieure, tes difficultés auraient grandi et cela aurait été de plus en plus dur pour toi.

Parfois, il vaut mieux faire une pause que de foncer droit dans le mur. Un jeune sur six redouble durant sa scolarité. Et ça ne les empêche pas de réussir leur vie !

L'avis de l'expert

Redoubler, ce n'est pas une punition, c'est une deuxième chance !
Cette décision n'a pas été prise à la légère. Les enseignants ont beaucoup réfléchi à ce qui est le mieux pour toi. Pour que ton redoublement se passe bien, insiste pour qu'on t'explique bien ce qui n'a pas fonctionné cette année.

Chantal Habert,
professeur des écoles

@Camille, 12 ans

J'ai redoublé ma 6e. Le jour de la rentrée, j'étais en larmes car je les trouvais tous « petits ». Mais je me suis fait de nouvelles copines et je vois toujours les anciennes ! Et puis, je me suis rendu compte que je m'y prenais mal. Maintenant, j'ai une meilleure méthode de travail et ça va beaucoup mieux !

SOS JULIE

JE SUIS STRESSÉE À L'ORAL

Le stress, c'est très bien ! C'est une réaction naturelle du corps. Face à une situation angoissante (parler devant toute la classe, un contrôle ou... une voiture qui fonce sur toi), le cerveau libère dans le corps de l'adrénaline. Cette substance chimique va te fournir l'énergie nécessaire pour surmonter la difficulté. Ta vision s'améliore, ton rythme cardiaque s'accélère, tes organes sont stimulés. C'est un peu ton signal d'alarme. Dès qu'il sent un danger, ton corps se mobilise pour s'en sortir. C'est plutôt bien, non ?

Hélas ! Si le stress perdure, ça se gâte. L'organisme n'arrive plus à faire face. Tu es paralysée. Il faut que tu apprennes à doser. La meilleure arme antistress, c'est la respiration. Quand tu sens que ça monte, prends une profonde inspiration. Ouf ! ça va déjà mieux.

@Charlotte, 10 ans

J'essaie de ne pas regarder les autres élèves et de fixer mes yeux sur un point en direction du prof.

@Sonia, 12 ans

Imagine-toi seule dans ta chambre et dis-toi que ce n'est que la répétition d'une pièce de théâtre.

@Marie, 12 ans

Face aux profs qui m'impressionnent le plus, je m'imagine que ce sont des amis de la famille très sérieux mais qui m'aiment bien quand même.

☆ LE SAIS-TU ?

On n'est pas tous égaux devant le stress. Certaines situations vont faire réagir ta copine mais pas toi.

BON À SAVOIR

CARTE D'IDENTITÉ DU DÉLÉGUÉ DE CLASSE

Qui est-ce ?

Un élève du collège ou du primaire élu par sa classe, un peu avant les vacances de la Toussaint. N'importe quel élève peut se présenter aux élections. Toute la classe vote à bulletins secrets, comme tes parents quand ils élisent le président de la République. Quatre élèves sont désignés : deux titulaires et deux suppléants qui les remplacent en cas d'absence.

@Clélia, 12 ans

> Être déléguée, c'est génial ! On assiste aux conseils de classe : les profs disent plein de trucs qu'ils ne diraient jamais en classe. Moi, je me suis présentée parce que j'aime bien défendre les autres et avoir des responsabilités.

Quel est son rôle ?

Il représente les élèves auprès des adultes. Il peut te défendre et servir d'intermédiaire entre toi et un professeur pour des problèmes dont tu n'oses pas parler. Il recueille ton avis sur l'ambiance de la classe, tes difficultés, si tu as envie d'améliorer certaines choses (la cantine, la quantité de travail...), et en parle aux adultes de l'école. Il essaie aussi de favoriser les relations entre les élèves. Il peut, par exemple, organiser l'aide aux élèves absents.

Au collège, il participe à de nombreuses réunions importantes comme le conseil de classe où le comportement et les résultats de chaque élève sont examinés. Il peut y intervenir comme tous les autres membres (profs, directeur de l'école, CPE...). Ensuite, il en fait un compte-rendu à ses camarades.

@Margot, 11 ans et demi

> Pour être déléguée, il faut savoir parler aux profs sans les brusquer, être sérieux, attentif et rester calme pendant les disputes ! Pour être élue, montre ta motivation et prouve qu'on peut te confier des choses sans que tu les cries sur les toits.

BON À SAVOIR

LE PENSE-BÊTE DU DÉLÉGUÉ

4 trucs pour réussir sa campagne

- Ne promets pas des choses impossibles.
- Prépare ton discours : explique pourquoi tu veux être élue, sans mentir !
- Reste ouverte : sonde les élèves pour connaître leurs envies. Écoute-les vraiment.
- Respecte les autres candidats : ne colporte pas les rumeurs et ne rabaisse pas tes concurrents. Non seulement ce n'est pas très « fair-play », mais en plus tu risques de perdre la confiance des autres.

Un bon délégué

- Écoute et respecte les autres.
- Sait être discret.
- Ne se prend pas pour un petit chef.
- Ne fait pas toutes les corvées (effacer le tableau, emmener les élèves à l'infirmerie...).
- Défend l'avis de tous et non son opinion personnelle.

Quelques droits en plus

Les délégués ont les mêmes droits et devoirs que les autres élèves avec quelques-uns en plus. Voici les principaux :

- Droit à la formation : une fois élue, on t'apprendra le « B.A.BA du métier », pour que tu sois au top !
- Droit à la réunion : tu peux rassembler tous les élèves de ta classe sans la présence obligatoire d'un adulte, en CDI, en salle de permanence ou pendant l'heure de vie de classe.

QUELLE EST TA MÉTHODE DE TRAVAIL ?

Malgré tes efforts, tes résultats ne suivent pas. Qu'est-ce qui cloche ?

1 Décris ton bureau :

- Tu n'en as pas vraiment. Parfois, tu travailles sur ton lit, devant la télé, dans la cuisine…
- Euh… Tu n'as pas vraiment eu le temps de ranger…
- Emploi du temps au mur, crayons dans un pot, livres à portée de main, tu es prête à travailler !

2 C'est l'heure des devoirs…

- Tu commences un exercice de maths. Ça t'énerve, tu abandonnes. Voyons voir la leçon d'histoire…
- Après avoir consulté ton agenda, tu fais une liste des « urgences ».
- Tu traînes des pieds. Allez, tu as encore le temps d'une petite série télé !

3 Interrogation d'anglais en vue :

- À quoi bon réviser, de toute façon, tu n'y comprends rien !
- Pas de problème : tu as déjà revu ta leçon plusieurs fois et fait même quelques exercices.
- Tu t'y prends la veille pour le lendemain.

4 Tu dois réciter un poème devant toute la classe :

- Tu soupires et tu te plies à l'exercice d'une voix morne et sans conviction.
- Impossible, tu as oublié qu'il fallait l'apprendre !
- Tu rougis, tu bredouilles… C'est mal parti !

5 Zut, une mauvaise note !

- Pas étonnant, tu étais tellement stressée que tu avais tout oublié !
- Tu t'en doutais. De toute façon, tu es nulle.
- Normal, tu n'as pas eu le temps de réviser.

Test de Séverine Clochard

Max de 👻 :
la démotivée

Tu ne vois pas pourquoi tu ferais des efforts. À chaque fois, tu te plantes ! Et puis, la plupart du temps, tu ne comprends rien aux cours alors, à quoi bon ? C'est comme ça : il y en a qui sont doués pour les études, d'autres non. En tout cas, c'est ainsi que tu vois les choses.

Oh ! là, là ! Qu'est-ce qui te fait croire que tu es si nulle ? Reprends-toi ! Sûr qu'avec un peu plus de confiance en toi, tu t'en sortirais mieux. Démasque vite tes atouts page 144. Enfin, il faut que tu comprennes qu'à l'école, tu travailles pour toi, pas pour tes parents ni pour le prof.

Max de ♡ :
la désorganisée

Malgré toute ta bonne volonté, tu n'y arrives pas. Il y a tant de choses à faire ! Du coup, tu commences tout et… tu ne finis rien car tu es débordée !

Comment veux-tu t'y retrouver si déjà, dans ta tête, c'est le fouillis ? Vite, remets de l'ordre avec 6 astuces pour bien t'organiser page 142. Ta motivation fera le reste.

Max de 😜 :
l'émotive

Tu es la reine des devoirs à la maison. Tu les fais régulièrement, dans les temps, mais arrivée à l'école, si on t'interroge, c'est la panique, tu as tout oublié.

Un bon point pour toi : tu es sérieuse et consciencieuse. Reste maintenant à prendre un peu d'assurance et à te faire un peu plus confiance.

Commence par maîtriser ton stress grâce aux astuces des copines page 137. Teste aussi leurs méthodes pour apprendre les leçons efficacement page 148. Tu finiras par trouver celle qui te convient vraiment.

LES ASTUCES DE JULIE

6 TRUCS POUR S'ORGANISER

C'est le secret de la réussite ! Voici comment faire.

1. Réserve-toi un espace « devoirs »

On travaille bien là où on se sent le mieux. Souvent c'est plus facile de se concentrer dans le calme, mais ce n'est pas systématique ! Certains y arrivent mieux sur la table de la cuisine, avec, en bruit de fond, celui de leurs parents qui préparent le repas. D'autres ont besoin d'un peu de musique ou de la lumière du dehors. Essaie d'identifier l'ambiance qui te permet d'être le plus efficace. N'hésite pas à changer de lieu si tu sens que tu as du mal à faire tes devoirs.

@Élodie, 12 ans

> Depuis l'année dernière, j'ai un « emploi du temps » de mes affaires. Pour chaque jour, j'ai marqué ce que je devais emporter. C'est très pratique. Ça m'évite d'oublier mes cahiers ou mes livres.

Il faut souvent faire plusieurs tests avant de trouver ce qui nous convient.

2. Fabrique-toi un emploi du temps

Avec cet outil, d'un coup d'œil, tu repères les « trous » pendant

LES ASTUCES DE JULIE

lesquels tu peux travailler. Note tes cours mais aussi tes activités sportives ou artistiques. Punaise-le au mur, ainsi, tu l'auras toujours sous les yeux.

3. Liste tes priorités

Quand tu t'attaques à tes devoirs, procède par étapes.
Si tu entames quelque chose, va au bout ! Sinon, tu t'éparpilles et tu ne finis rien. Vois ce qui est le plus urgent. Un contrôle de maths demain ? Commence par réviser cette leçon. Quand c'est fait, fais-toi plaisir en le barrant de ta liste !

4. Répartis le temps de tes devoirs

Rester trop longtemps sur une leçon ne sert à rien. Au bout d'un moment, « plus rien ne rentre ». Essaie d'évaluer la durée qui t'est nécessaire pour apprendre un cours ou faire un exercice. Identifie quelles sont tes journées les plus fatigantes. Cela t'aidera à organiser ton travail sur la semaine.

5. Repère tes heures d'efficacité

On ne travaille pas tous de la même manière. C'est comme le sommeil. On a chacun son rythme. Essaie d'identifier les moments où tu travailles le mieux : le matin ? Le soir ? Après le sport ? Et organise ton travail en fonction. Réserve ce qui te demande le plus d'efforts et de concentration pour ces moments-là.

6. Réunis ton matériel

Le menuisier ne peut travailler sans ses outils, le peintre, sans ses pinceaux. Pour toi, c'est pareil ! Garde à portée de main dictionnaire, atlas, manuel ou cahier de la leçon que tu étudies, stylos, crayons à papier et surligneurs.

@Chloé, 11 ans

> Je suis très étourdie. Alors, pour chaque matière, j'ai recouvert cahier ou classeur et livres de la même couleur. Quand j'ai histoire, je ramasse tout ce qui est rouge dans ma chambre !

BON À SAVOIR

DÉMASQUE TES ATOUTS

Identifie tes points forts et tes points faibles.

Même si tu as de mauvaises notes, tu sais faire des choses. Il n'y a pas d'un côté ceux qui réussissent, de l'autre, ceux qui ratent. Apprends à déterminer tes forces et tes faiblesses et tu sauras comment progresser.

Étape 1 : chaque mois, fais le point

À l'aide du bulletin de notes ou du livret de compétences, liste les matières où tu réussis et celles où tu as des difficultés. Au collège, lis bien les « conseils pour progresser » que le prof doit préciser à côté de son commentaire. Tu verras ainsi où doivent porter tes efforts. Ensuite, lance-toi des défis. Attention, ne sois pas trop ambitieuse. N'espère pas passer de 8 à 15 ! De 8 à 10, c'est déjà pas mal. Enfin, réfléchis : comment pourrais-tu faire pour t'améliorer dans les matières où tu « pèches » ? En leur consacrant un peu plus de temps ? En essayant de travailler avec une copine ? En demandant de l'aide à tes parents ? Etc.

Étape 2 : analyse tes erreurs

Rater un contrôle, ça arrive à tout le monde. Ça ne veut pas dire que tu es nulle. Une mauvaise note ne résume pas à elle seule tout ton travail. Ce n'est pas toi qui es jugée, mais ton niveau de connaissances à un moment précis. L'essentiel, c'est de comprendre pourquoi, cette fois, ça n'a pas marché. Ainsi, tu éviteras de répéter la même erreur. Se tromper, c'est positif : ça fait aussi avancer. Que s'est-il passé ? Comment avais-tu préparé ce contrôle ? Avais-tu simplement relu ta leçon ? Fait des exercices ?

BON À SAVOIR

Pendant l'interrogation, as-tu bien lu les consignes avant de commencer ? As-tu compris toutes les questions et as-tu entièrement répondu ? As-tu fait des erreurs alors que tu connaissais la réponse ? As-tu gardé du temps pour relire ? Comprends-tu les commentaires du professeur ? L'as-tu interrogé ? Etc.
En cherchant les réponses, tu pourras progresser.

Étape 3 : renforce ta motivation

Tu as des bonnes notes dans les matières qui te plaisent ? C'est logique ! Quand on aime, on est plus motivée !

Si ton enseignant n'arrive pas à te donner goût pour ce qu'il t'apprend, ne te braque pas. Essaie d'aborder la matière autrement. Pour l'histoire, par exemple, tu peux te plonger dans des romans historiques ou t'amuser à envoyer des messages codés à tes copines en hiéroglyphes !
Même si tu rates un contrôle, repère sur ta copie les points positifs : il y en a toujours ! Et quand tu apprends une leçon, visualise la bonne note, sur ta feuille ou entends dans ta tête les félicitations du prof. Ça aide !

LES ASTUCES DE JULIE

5 TRUCS POUR S'AMÉLIORER EN LANGUES

1. Lis dans le texte !

Tu n'es pas obligée de t'attaquer tout de suite au dernier tome d'Harry Potter en anglais ! Commence par déchiffrer des albums pour les petits empruntés à la bibliothèque. Le vocabulaire est simple et quelle satisfaction d'aller au bout ! Quand tu seras plus à l'aise, tu pourras passer à plus difficile. Consulte aussi des magazines conçus exprès pour toicomme I Love English Junior.

2. Traduis tes chansons préférées

Tu sauras au moins ce que tu chantes et en plus, tu apprendras des mots ou de nouvelles expressions et tu travailleras ton accent.

3. Trouve une correspondante étrangère

Elle t'écrit en français, tu lui réponds dans sa langue. Ça vous fait progresser toutes les deux ! Pour la trouver, renseigne-toi auprès de ton école : il y a souvent des échanges. Autre piste : les jumelages de ta ville, demande à la mairie.

4. Choisis la VO !

Tu es fan de séries américaines ? Grâce aux DVD, tu peux choisir la version originale. Au début, aide-toi du sous-titrage. Puis lance-toi. La première fois, tu ne comprendras presque rien mais, au fur et à mesure, tu saisiras l'essentiel de l'histoire. Quelle victoire ! Tu peux aussi choisir de voir les films ou dessins animés en VO dans certains cinémas (ils sont toujours sous-titrés).

5. Joue au baccalauréat avec les copines

Une lettre de l'alphabet au hasard et des catégories (objets, fruits, métiers...) : qui trouvera le plus de mots ?

QUEL EST TON ATOUT MÉMOIRE ?

Il y a plusieurs façons d'emmagasiner des informations. Mais les deux principales sont la mémoire auditive et la mémoire visuelle. Alors, si tu ne sais pas ce qui marche le mieux pour toi, fais vite ce test !

1 Lors d'une interro, tu sèches sur une question. Tu essaies de te rappeler…

- Ce que tu as écrit dans ton cahier.
- Les explications du prof.

2 Ta technique pour apprendre une leçon :

- La réciter à tes parents.
- La relire en surlignant les passages importants.

3 Tu pourrais reconnaître une fille que tu n'as vue qu'une fois…

- À un détail de son visage.
- À sa voix ou à son rire.

4 Un souvenir très net de ton enfance :

- Ta maman qui te chante une berceuse.
- Un livre d'images que tu adorais feuilleter.

5 Une chanson te semble familière lorsque…

- Tu as vu le clip (et la tête de l'interprète).
- Tu l'as entendue deux ou trois fois à la radio.

6 Pour choisir un plat au restaurant, tu demandes au serveur…

- De te les énumérer.
- De te donner la carte.

Max de :
tu as une mémoire visuelle

Ta mémoire fonctionne un peu à la façon d'un appareil photo : ce que tu vois écrit ou dessiné « s'imprime » immédiatement dans ton cerveau. Du coup, lorsque tu tentes de te rappeler quelque chose, c'est le plus souvent une image qui t'apparaît. Bien vu, miss œil de lynx !

Max de :
tu as une mémoire auditive

Ton atout mémoire, ce sont tes oreilles ! Sans fournir d'effort particulier, tu enregistres facilement les mots, les sons ou les musiques. Il est plus simple pour toi de te rappeler une explication orale que des schémas au tableau. Autrement dit, tu reçois les messages cinq sur cinq…

Test de Julie Got

LES ASTUCES DE JULIE

16 TRUCS POUR APPRENDRE TES LEÇONS

Tu ne sais pas comment t'y prendre ? Teste les méthodes des copines !

☆ Je marche de long en large dans ma chambre en récitant à voix haute.

Noémie, 9 ans

☆ Je travaille avec une copine. Chacune essaie d'expliquer à l'autre ce qu'elle a compris. Ou on se pose des questions. On se motive l'une l'autre !

Jade, 13 ans

☆ Pour les poésies, je chante en récitant. Ça marche à tous les coups !

Maëva, 8 ans

☆ Je surligne les choses importantes, ça me permet de voir tout de suite l'essentiel.

Coralie, 11 ans

☆ J'essaie d'imaginer les questions que le prof pourrait me poser ou je demande à mon père de m'interroger.

Jihane, 10 ans et demi

☆ Quand c'est possible, je mets la leçon en dessins, c'est plus rigolo et ça fonctionne bien.

Justine, 9 ans

☆ Pour m'améliorer en grammaire et en orthographe, ma mère choisit un texte dans un livre et le recopie en faisant des fautes. Et après, j'essaie de les retrouver.

Noura, 11 ans

☆ Je parle dans ma tête comme si j'étais le prof. Ou alors je fais comme si j'expliquais à une petite sœur imaginaire.

Camille, 9 ans

☆ Je lis d'abord plusieurs fois la leçon. Comme ça, j'y vois plus clair. Puis j'apprends paragraphe par paragraphe.

Lola, 10 ans et demi

☆ J'aligne mes nounours sur le lit et je fais la maîtresse.

Manon, 8 ans

LES ASTUCES DE JULIE

☆ En anglais, j'écris les nouveaux mots de vocabulaire sur des bouts de papier que je colle un peu partout dans la maison : murs de ma chambre, porte du frigo ou des toilettes. Et s'il s'agit d'objets qu'on a, je les mets dessus.

Fanny, 11 ans et demi

☆ En histoire, je m'enregistre comme si j'étais une journaliste de l'époque qui faisait un reportage puis je me repasse la cassette.

Estelle, 12 ans

☆ Si la leçon n'est pas trop longue et qu'il faut la savoir par cœur, je la recopie deux ou trois fois puis j'essaie de l'écrire sans regarder.

Oriane, 9 ans

☆ Avant de commencer, j'essaie de me rappeler ce qu'a dit le maître en classe et je l'écris sur une feuille. Comme ça, je vois tout de suite ce que je dois apprendre.

Elsa, 8 ans

☆ J'essaie de repérer les mots importants. Ça me permet de comprendre comment s'articule la leçon et c'est plus facile à mémoriser. Après, c'est comme un fil dans une pelote : on tire dessus et tout le reste vient !

Dina, 13 ans

☆ Je fais des fiches qui résument mes cours.

Sandra, 12 ans

L'avis de l'expert

Avant d'apprendre, il faut déjà savoir pourquoi on le fait ! Sinon, on ne peut pas y arriver. Quand tu connaîtras ton « projet » (une bonne note au contrôle...), ce sera plus facile. Passe ensuite à la méthode. Chacun a la sienne : on n'apprend pas tous de la même façon. Et tu peux aussi varier en fonction des matières ! Pour trouver ce qui te convient le mieux, réfléchis à un exercice que tu as réussi à faire, une leçon que tu as retenue facilement. Comment t'y es-tu prise ? Que s'est-il passé dans ta tête ? À toi de jouer maintenant !

Chantal Habert,
professeur des écoles

SOS JULIE

LE PROF ME DÉTESTE !

Tu es sûre ? Observe bien son comportement : a-t-il cette attitude uniquement avec toi ? Peut-être qu'en ce moment, il est soupe au lait... avec tout le monde. Les profs aussi peuvent avoir des soucis !

Si tu fais ton travail correctement, ton prof n'a pas de raison d'en avoir après toi. Simplement, il est comme toi : il aime certaines personnes et d'autres non. L'essentiel, c'est qu'il se montre juste.

Qu'en disent tes copines ? Ont-elles aussi remarqué qu'il s'en prenait toujours à toi ? Oui ? Alors, il faut agir. Va lui parler. Ou bien demande au délégué de classe de jouer les médiateurs. Si ça ne s'arrange pas, explique la situation à tes parents. Mais surtout, ne baisse pas les bras côté travail en te disant que ça ne sert à rien, ce serait donner à ton prof une raison de plus de te rejeter.

En revanche, si tu chahutes tout le temps pendant ses cours, c'est un peu normal qu'il t'en veuille... Essaie de modifier un peu ton comportement pour votre bien... à tous les deux !

L'avis de l'expert

Même si c'est dur, essaie d'aller lui parler. Un professeur sera toujours touché par ta démarche, même s'il ne le montre pas. Choisis le bon moment, plutôt à la fin du cours ou pendant la récréation s'il est de surveillance. Ne l'accuse pas mais dis-lui plutôt « j'ai l'impression de ne pas faire ce qu'il faut ».

Michel Barber, professeur des écoles

@Caroline, 10 ans

Si ça se trouve, tu n'es pas si mauvaise que ça, c'est juste avec le prof que ça ne passe pas. Alors, garde le moral.

@Estelle, 13 ans

Parfois, le prof agit comme ça avec ses élèves pour décourager les perturbateurs.

JE SUIS LA CHOUCHOUTE DU PROF

Aïe ! Les autres ne doivent pas être tendres avec toi. C'est normal qu'ils soient un peu jaloux. Les préférences, ça énerve toujours ceux qui n'en profitent pas. Oui mais toi, tu n'as rien demandé ! Et tu ne vas pas te mettre à être désagréable pour leur faire plaisir. Si tu travailles bien et que le prof t'apprécie, ce n'est quand même pas un défaut !

Peut-être que tu lui rappelles quand il avait ton âge. Ou bien qu'il te sent particulièrement motivée par ses cours. Les profs aussi préfèrent qu'on les aime !

Laisse dire les mauvaises langues, c'est encore la solution la plus efficace. Et surtout n'en rajoute pas.

Attention, s'il en fait trop, qu'il n'interroge que toi, ton prof n'est plus dans son rôle. Essaie d'aller lui parler. Commence par lui dire que tu es très contente qu'il t'estime, puis explique-lui que ça te gêne d'être tout le temps montrée en exemple ou que ce soit toujours toi qu'on envoie au tableau et qu'on interroge. Il sera sûrement compréhensif.

@Amélie, 9 ans

> Moi aussi, ça m'est arrivé. J'en ai parlé au prof et ça s'est arrangé.

@Oriane, 11 ans

> Va lui parler. Puisqu'il t'aime bien, il devrait te comprendre et essayer d'être plus discret.

@Fatouma, 10 ans

> Puisqu'ils sont si malins, demande aux moqueurs comment ils feraient, eux.

COMMENT RÉAGIS-TU AUX MOQUERIES ?

Face aux railleries, quelle attitude adoptes-tu ? Fais le point.

1 Une fille de ta classe t'appelle par un surnom ridicule :

- ♡ Tu as envie de pleurer.
- 😜 Tu ne bronches pas.
- 👻 Tu lui hurles dessus.
- ☆ Tu lui rends la pareille, et vite !

2 Un garçon éclate de rire sur ton passage :

- ☆ Tu te marres avec lui.
- 👻 Tu te retournes, furieuse.
- 😜 Tu hausses les épaules.
- ♡ Tu presses le pas.

3 Un élève se moque de ta nouvelle coupe de cheveux :

- 👻 Tu lui tires les siens !
- 😜 Pff, ça lui passera.
- ♡ Tu en conclus qu'elle est ratée...
- ☆ Tu lui lances : « Et toi, t'as vu ta tête ? »

4 Léa adore te décocher des piques. Du coup...

- ☆ Toi aussi, tu la mets en boîte !
- 👻 Tu te disputes avec elle.
- ♡ Tu l'évites comme la peste.
- 😜 Tu fais la sourde oreille.

5 Si tes copines te traitaient de poule mouillée...

- ♡ Tu serais vraiment blessée.
- ☆ Tu leur chanterais « cot cot » pour les embêter.
- 😜 Tu te dirais qu'elles ont raison.
- 👻 Tu piquerais une colère.

Max de 👻 : agressive

On se paye ta tête ? Tu t'énerves au quart de tour... et tes agresseurs, ravis, en rajoutent. Cesse d'entrer dans leur jeu en gardant ton calme. C'est dur, mais nécessaire pour qu'on te laisse tranquille !

Max de 😜 : blindée

Les moqueries semblent glisser sur toi sans t'atteindre. En as-tu déjà trop encaissé pour réagir ou est-ce une tactique de défense ? Même si elle fonctionne, dis stop aux railleurs lorsqu'ils deviennent trop blessants.

Max de ♡ : touchée au vif

Les mauvaises langues te font beaucoup souffrir. Au lieu de prendre leurs méchancetés avec recul, tu penses que, dans le fond, elles ont raison. Eh bien non ! Réagis au lieu de t'enfermer dans la tristesse !

Max de ☆ : fine mouche

Ceux qui se moquent de toi s'en mordent les doigts : loin de te taire, tu contre-attaques vite et bien. Ton sens aiguisé de la repartie ridiculise tes adversaires en moins de deux... Bravo !

Test de Julie Got

LES ASTUCES DE JULIE

5 PARADES ANTIMOQUERIES

Des élèves te tournent en ridicule ? Ne te laisse plus faire : sors ton bouclier !

L'humour

Entre dans leur jeu, ils seront pris à leur propre piège ! Par exemple, si on te traite d'asperge, tu peux leur rétorquer : « oh ! là, là ! T'as remarqué ? Et en plus, je pue des pieds ! Je te montre ? »
Autre exemple : t'es bête !
Réplique : « C'est sûr, c'est pas comme toi. C'est tellement intelligent de se moquer des autres... »

L'indifférence

Difficile parce que ça n'empêche pas d'être blessé mais très efficace. Que veulent les moqueurs ? Que tu réagisses, si possible en t'énervant ou en te mettant en colère. Ne leur donne pas ce plaisir. Ils auraient atteint leur but et t'asticoteraient de plus belle. Ne réponds pas quand ils t'interpellent avec des noms idiots, reste calme, laisse-les dire ou rétorque-leur : et alors ?

La surprise

S'ils se moquent, c'est qu'il y a une raison. Renvoie-leur : « Mais pourquoi tu me dis ça ? »

La mise en garde

Personne n'est parfait. On a tous nos points faibles. Prends une voix mystérieuse pour dire aux moqueurs qu'ils devraient se méfier.
Qu'un jour, on pourrait bien parler de leur taille, nez, vêtement, etc.

L'attaque

Regarde ton adversaire droit dans les yeux et sors-lui une réplique bien sentie, du genre « T'es mal fringuée ! », réponse « Ah ouais ? Pourtant, j'ai pris modèle sur toi ! ». Parle avec assurance même si au fond, tu trembles, ça fait toujours son petit effet. Surtout, reste « correcte ». Ne t'abaisse pas à être aussi méchante qu'eux, tu vaux mieux que ça !

SOS JULIE

ON ME TRAITE D'INTELLO !

C'est plutôt un compliment ! Ceux qui se moquent de toi l'ignorent sûrement... Pourquoi devrais-tu avoir honte d'être bonne élève ? Il n'y a aucun mal à être intelligente. Hélas, les premiers de classe sont souvent mal vus. Pourquoi ? Parce qu'on est un peu jaloux. À côté d'eux, on a toujours l'air moins bien. Et puis, mets-toi à la place des autres élèves, si tu passes ton temps à « étaler » ta science avec des airs supérieurs, il y a de quoi être agacé ! Essaie d'être « discrète ».

En plus, ils pensent sûrement :
intello = coincée = ennuyeuse. Et si tu leur montrais que cela n'a rien à voir avec toi ? Propose, par exemple, tes services à ceux qui ont des difficultés. En échange, ils pourraient peut-être t'enseigner des figures de danse ou des codes secrets aux Sim's...

Si malgré tous tes efforts, on se moque toujours de toi, ignore-les. Et surtout, ne te mets pas à avoir de mauvaises notes pour être acceptée.
Cela t'apporterait plus d'ennuis que d'avantages.

@Sophie, 11 ans

Moi aussi, on me traite d'intello, mais depuis que je leur ai montré que je ne pensais pas qu'à travailler, ils ne se moquent plus de moi !

@Mariam, 10 ans

En fait, ils n'espèrent peut-être qu'une chose : que tu les aides ! Alors, fais comme moi, invite chez toi ceux qui ont du mal en cours.
Une telle gentillesse, ça ne se refuse pas !

@Émilie, 9 ans

Je réponds « merci » comme si on venait de me dire « tu es belle ». Ça leur cloue le bec !

SOS JULIE

J'AI PEUR DE LA VIOLENCE À L'ÉCOLE

Tu as raison d'avoir peur. La violence existe, c'est vrai. Elle prend plusieurs visages : racket, insultes, agressions... Mais elle n'est pas aussi fréquente que le montrent parfois les médias. En 2017, 22 % des collégiens trouvent qu'il y a de la violence dans leur établissement*. Ce n'est pas rien mais c'est moins que ce que tu imaginais, non ?

Ce que tu dois savoir, c'est que tu peux agir contre la violence. Commence par être discrète avec tes objets de valeur. Tu feras moins d'envieux... Et surtout, si tu es victime ou témoin, parles-en ! À tes parents, à un professeur, à l'infirmière, au proviseur... Si besoin, porte plainte au commissariat. Tu ne seras pas une lâche ni une traîtresse. Tu seras active, pour toi et pour les autres. Ne rien dire, c'est encourager les agresseurs à recommencer alors qu'ils doivent être punis. Ils doivent comprendre que tout acte de violence est grave et interdit par la loi.

*source DEPP, déc. 2017, ministère de l'Éducation nationale.

L'avis de l'expert

Tu as été agressée ? N'aie pas honte. Tu n'es pas responsable de ce qui t'arrive. C'est l'agresseur et lui seul qui a mal agi. Ne te laisse pas intimider par ses menaces. Tu as le droit de vivre en sécurité, comme tout le monde. Personne ne peut imposer sa force à autrui.

Tu aurais voulu te défendre mais tu n'en as pas eu le courage ? Tu as été témoin et tu te sens coupable de ne pas être intervenue ? Tu as bien fait. Parfois, c'est plus dangereux de jouer les « héros », surtout si les agresseurs sont nombreux.

Mais il n'est pas trop tard. Tu peux agir maintenant en les dénonçant, en expliquant à un adulte ce que tu aurais voulu faire.

Sylvie Companyo, psychologue

BON À SAVOIR

9 TRUCS POUR STOPPER LA VIOLENCE

Oui, tu peux faire quelque chose, la preuve.

Ose parler

Les mots aussi peuvent faire mal. N'hésite pas à dire ta souffrance si les moqueries des autres te blessent. Ne te laisse pas insulter ou harceler. Et si on s'attaque à un élève, vole à son secours.

Ne reste pas seule

Dans les endroits que tu estimes risqués, déplace-toi en groupe. Cinq copines dans un bus se font moins embêter qu'une toute seule à l'air apeuré.

Fais intervenir un médiateur

Une dispute éclate dans la cour, tu sens que tu vas exploser. Appelle le médiateur à la rescousse. Il peut s'agir d'un adulte ou d'un jeune de ton âge formé exprès. Il va tenter de rétablir le dialogue et aider les « ennemis » à trouver une solution non violente pour résoudre leur problème. S'il n'existe pas de médiateur dans ton école, fais-en la demande auprès du CPE ou d'un professeur.

Ouvre le débat

Tu as entendu des propos racistes dans la cour, assisté à des scènes de bagarre ? Pendant l'heure de vie de classe, demande d'aborder la tolérance, le respect, la violence. Cette discussion pourra peut-être permettre de résoudre des conflits avant qu'ils ne dégénèrent.

Élabore le règlement

Propose au délégué de classe ou bien directement à ton maître ou professeur principal de faire un travail sur le règlement de l'école ou de la classe. Les sanctions imaginées par les élèves sont souvent mieux comprises et paraissent moins injustes.

Demande la venue de spécialistes

Policiers, juges des enfants, éducateurs... peuvent se déplacer dans les écoles pour expliquer les lois, ce que risquent les racketteurs ou simplement sensibiliser les élèves à la lutte contre la violence. Et s'ils intervenaient dans ton établissement ? Parles-en à ton professeur principal ou à ton maître.

BON À SAVOIR

☆ POURQUOI EST-ON VIOLENT ?

Pour de multiples raisons. Mais quand on en arrive à cette extrémité, c'est souvent qu'on n'a pas réussi à exprimer autrement ses émotions. On n'a pas les mots pour dire ce qu'on ressent. Ou bien on se croit constamment menacé par les autres. Alors, on « mord » le premier, pour éviter d'être attaqué. Parfois aussi, c'est parce que sa vie de famille est violente : chômage, séparation, problèmes d'alcool...
La violence est sournoise, elle sait prendre plusieurs formes.

Organise une journée de la non-violence dans l'école

Là encore, tu peux proposer ton idée lors de l'heure de vie de classe. Ton professeur sera sûrement enthousiaste.

Mène l'enquête

Pour un exposé, tu peux faire un sondage auprès des élèves : c'est quoi, pour eux, la violence ? Quand une bagarre éclate ? Quand on est insulté ? Quand un prof fait une remarque désagréable ? Quand les grands de 3e ou de CM2 s'amusent à terroriser les petits ?
Ça fera réfléchir tout le monde !

PLANÈTE FAMILLE

Certes, tu ne l'as pas choisie, mais avoue, la famille, ça compte ! Tu veux savoir comment être en « harmonie » avec tes parents et tes frères et sœurs ? Tu t'interroges sur le divorce ou l'argent de poche ? Tu en as assez des portes qui claquent, des frères et sœurs sur ton dos ? Par ici les solutions !

BON À SAVOIR

LES ASTUCES DE JULIE

TESTS

SOS JULIE

BON À SAVOIR

5 VÉRITÉS SUR LES PARENTS

Ils sont inquiets de nature

Eh oui, c'est comme ça ! Depuis que tu es née, ils ont toujours peur qu'il t'arrive quelque chose. Il va falloir t'y habituer. Maintenant que tu le sais, tranquillise-les dès que tu le peux.

Ils ne sont pas parfaits

Comme chaque être humain, ils ont des défauts. Et c'est plutôt rassurant, non ? C'est la preuve qu'ils sont normaux. Qu'eux aussi, comme toi, ils peuvent se tromper, être en colère, mentir... Ce ne sont pas des superhéros !

Ils aiment se replonger dans leur enfance

Les parents oublient souvent qu'ils ont eu ton âge et qu'eux aussi, ils ont eu du mal à « élever » leurs parents. Pourtant, ils aiment bien se rappeler quand ils étaient petits. Rafraîchis-leur la mémoire de temps en temps. Cela pourra t'être très utile pour leur faire comprendre tes difficultés...

Ils te prennent souvent pour un bébé

Difficile pour eux de te voir grandir. Alors, c'est à toi de leur montrer que tu as changé.

Ils sont obsédés par tes résultats scolaires

Forcément, ils veulent ce qui est le mieux pour toi. Ils s'inquiètent de ton avenir et souhaitent te donner le plus d'armes possible pour réussir dans la vie. Ils pensent que l'école peut t'y aider. Pour eux, les connaissances qu'elle t'apporte pourraient, par exemple, te guider pour choisir un métier ou savoir comment te conduire avec les autres.

BON À SAVOIR

PARENTS, MODE D'EMPLOI

On a répertorié pour toi quelques comportements parentaux parmi les plus fréquents. Apprends à les identifier, ta vie sera plus facile.

☆ LA MÈRE COPINE

Comment la reconnaître :

facile, toutes tes copines te l'envient ! Elle et toi, vous êtes très complices et vous partagez plein de « trucs de filles » : shopping, maquillage, secrets... Tu n'hésites pas à te confier à elle. C'est génial de si bien s'entendre avec sa mère. Seulement, pour grandir, tu vas avoir besoin de te détacher d'elle. Le problème, c'est que cela risque d'être très dur pour toi. Comment t'éloigner de celle à qui tu ressembles le plus sans lui faire de la peine ?

Comment l'apprivoiser :

tu n'es pas obligée de tout lui dire. Tu peux garder « un jardin secret ». Quand tu n'es pas du même avis que ta mère, dis-le-lui, en douceur.

☆ LE PAPA CHEF

Comment le reconnaître :

avec lui, c'est toujours non. Comme la mère « garde-à-vous », il a très bien perçu que sa « petite fille chérie » n'était plus tout à fait la même. Et cela ne lui plaît pas du tout ! Il veut savoir où tu vas, avec qui... Sa grande terreur : les garçons ! N'oublie pas : il a eu leur âge et il sait ce qu'ils ont derrière la tête...

Comment l'apprivoiser :

le papa chef a besoin d'être rassuré. Les garçons, tu as bien le temps ! Et ce n'est pas parce que ton corps est en train de se transformer que tu es déjà une ado dans ta tête. Et si tu t'intéresses à d'autres « hommes » que lui, cela n'empêche pas que tu l'aimes toujours, ton « papounet » ! N'hésite pas à te confier à lui. Il sera ravi de voir que son avis compte toujours pour toi et il pourra t'apporter un point de vue masculin. Très utile parfois...

BON À SAVOIR

☆ LA MÈRE POULE

Comment la reconnaître :
la mère poule adoooore s'occuper de toi. Elle te prépare tes affaires, glisse chaque jour un goûter dans ton cartable, range systématiquement ta chambre, etc. C'est pratique, tu n'as plus besoin de penser à rien : elle est toujours derrière toi. Mais parfois, c'est pesant, car au fond, la mère poule t'empêche de faire tes propres expériences. Elle te surprotège.

Comment l'apprivoiser :
tu vas devoir lui apprendre à se passer de toi petit à petit. L'astuce, c'est de la prendre de vitesse. N'attends pas qu'elle prépare tes vêtements par exemple. Devance-la. Elle semble contrariée ? Rassure-la : ses gentilles attentions te touchent et te font plaisir. Mais précise-lui que tu aimerais essayer par toi-même, pour voir. Et surtout, que ça ne t'empêche pas de l'aimer toujours !

☆ LE PAPA ANGUILLE

Comment le reconnaître :
il te regarde en coin, n'ose plus t'embrasser ou t'adresser la parole. Il a peur de toi ou quoi ? Presque ! Ton papa ne reconnaît plus sa « petite fille chérie ». Il sent bien que tu changes et ne sait plus trop comment s'y prendre avec toi. Il a toujours peur de mal faire. Il s'imagine aussi (à tort), qu'en ce moment, tu as moins besoin de lui.

Comment l'apprivoiser :
propose-lui de faire des activités rien que vous deux, pour qu'il s'aperçoive que, bien qu'un peu différente, tu es toujours la même.

BON À SAVOIR

☆ LE PAPA GÂTEAU

Comment le reconnaître :
il est toujours prêt à jouer, te fait sauter sur ses genoux et adore te couvrir de bisous et de câlins. Il ne s'est pas encore rendu compte que tu avais grandi et que ces jeux, maintenant, peuvent te gêner.

Comment l'apprivoiser :
sois logique ! Ne te lance pas dans une bagarre complice avec ton « papounet » pour le rejeter ensuite. Le pauvre serait complètement perdu ! Fais-lui passer le message en douceur, en inventant par exemple une « allergie aux bisous », ou bien glisse un mot à ta maman pour qu'elle lui parle.

☆ LA MÈRE GARDE-À-VOUS

Comment la reconnaître :
pas très commode, cette mère-là ! Avec elle, tu as l'impression de ne rien pouvoir faire ! Pas de portable, pas de sortie, pas de maquillage, etc. Tes copines ont cent fois plus le droit de faire de choses que toi. Ouille, ouille, ouille ! Avec elle, tu ne dois pas rigoler tous les jours. Mais au moins, tu sais où tu vas, ce qui est interdit et ce qui ne l'est pas.

Comment l'apprivoiser :
si elle réagit ainsi, c'est sûrement parce qu'elle a peur pour toi et veut te protéger. Mets-toi un peu à sa place. Si elle ne connaît rien de ta vie, de tes copines… c'est normal qu'elle se fasse des idées ! Parle-lui un peu plus. Tu peux aussi lui demander comment elle se débrouillait avec sa mère… En dernier recours, fais intervenir des alliés : ton père, une grande sœur, une tante… qui lui parleront.

QUEL PARENT SERAIS-TU ?

Si tu prenais la place de tes parents, comment te comporterais-tu ?

1 Ta fille écope d'un deux en maths :

A Désormais, tu surveilleras ses devoirs.
B Attention, ça va barder !
C Pas grave, c'est sa matière faible.

2 Dans sa chambre, c'est le désordre total. Tu lui dis :

A « On range ensemble, ma puce ? »
B « Allez, au boulot ! »
C « Je vais jeter ce qui traîne ! »

3 Elle est amoureuse d'un garçon :

A Pas d'accord, elle est trop jeune !
B Tu l'écoutes te parler de lui.
C Tu n'es pas ravie, mais ça la regarde.

4 Tu la surprends maquillée comme un pot de peinture :

A Tu éclates de rire.
B Tu acceptes qu'elle garde son mascara, mais pas plus.
C Elle se lave la figure ou tu te fâches !

5 À table, elle lâche un gros mot :

A Tu la reprends sur son langage.
B Tu la prives de dessert.
C Tu fais la sourde oreille.

	1	2	3	4	5
A	1	0	2	0	1
B	2	1	0	1	2
C	0	2	1	2	1

Jusqu'à 3 points : copain-copine

Éduquer, selon toi, ce n'est ni contraindre ni gronder. Au contraire ! De bons parents n'imposent rien à leurs enfants et entretiennent avec eux une super complicité. Attention : être cool c'est bien, laisser tout faire, c'est risqué. On a tous besoin de limites pour savoir où on va.

De 4 à 7 points : sévère mais juste

Le rôle des parents ? Poser des limites claires à leurs enfants, et ne pas hésiter à sévir quand ils les dépassent, car non, tout n'est pas permis !
Se laisser marcher sur les pieds est, à ton avis, un très mauvais exemple d'éducation...

8 points et plus : intransigeante

Pour bien élever leurs enfants, les parents doivent se montrer hyperstricts : s'ils sont trop coulants, c'est le désordre assuré !
Attention à ne pas confondre autorité et tyrannie. Sinon, il y aura de la rébellion (et des étincelles) à la maison !

Test de Julie Got

SOS JULIE

MES PARENTS ME PRENNENT POUR UN BÉBÉ !

Et ce n'est pas fini ! Pour eux, tu seras toujours leur « bout d'chou » ! Que veux-tu, les parents sont comme ça : ils ont du mal à voir grandir leurs enfants. Jusqu'ici, ils ont toujours décidé pour toi. Maintenant, tu as envie d'affirmer ton opinion, tes goûts.
C'est parfaitement normal, mais eux, ils n'ont pas l'habitude ! Ils ont peur que tu te trompes ou bien que tu en fasses trop.

La solution ? Les rassurer. Montre-leur que tu as évolué et adopte des attitudes de « grand ». N'attends pas systématiquement qu'on te dise de ranger ta chambre... Oublie les caprices et les bouderies.

Pour arriver à tes fins, fais des compromis : cède un peu, tu obtiendras un peu ! C'est déjà ça. Exemple : le maquillage ? C'est seulement pour les fêtes ! Le bus toute seule ? Oui, à condition qu'ils te suivent de loin les premières fois, etc. À toi de trouver les bons arguments qui sauront convaincre tes parents...

@Anaïs, 11 ans

Tu es à la porte de l'adolescence et ils se font du souci pour toi. Tu as de la chance ! Mais je te comprends. Tu dois leur montrer que tu n'as pas les mêmes goûts, que tu as besoin de moments de liberté, que tu sais te contrôler. Même si tu as encore besoin (un peu) d'eux...

@Justine, 10 ans

C'est vrai que c'est très énervant ! Montre-leur que tu peux être responsable : en surveillant ta petite sœur le soir, en faisant les commissions toute seule...

@Jihane, 10 ans et demi

Si tu n'oses pas leur parler, glisse un mot sous leur oreiller. C'est ce que j'ai fait et ça a marché !

LES ASTUCES DE JULIE

7 TRUCS POUR CONVAINCRE TES PARENTS

Pour obtenir quelque chose de ses parents, il faut savoir s'y prendre correctement. Voici comment.

Choisis le bon moment

Un parent sera toujours plus facile à convaincre s'il est détendu. Évite donc de lui demander quelque chose quand il rentre de mauvaise humeur du travail.
Oublie aussi de solliciter une faveur si tu as été punie récemment. Laisse passer un peu de temps...

@Charlotte, 13 ans

Essaie de les attendrir. Fais-leur pitié. Tu es si malheureuse ! Parfois, ça marche.

@Constance, 13 ans

Je pleurniche en disant cinquante fois : « je suis sûre qu'à mon âge, vos parents vous auraient laissés ! »

Mets les chances de ton côté

Transforme-toi en petite fille modèle : range ta chambre, participe aux tâches ménagères... sans attendre qu'on te le demande. Mais n'exagère pas non plus. Cela pourrait sembler louche !

Évite la comparaison

Ne te sers pas de l'argument « Oui mais les parents de Maud, eux... ». Un parent n'aime pas qu'on lui force la main. Attention, tu risques de le bloquer. Sois plus subtile.

Prépare tes arguments

Montre-leur que tu as bien réfléchi à ton projet. Imagine ce que tu pourrais répondre à leurs objections :

LES ASTUCES DE JULIE

ils ne veulent pas que tu ailles dormir chez Kathy car ils ne la connaissent pas bien ? Propose-leur d'appeler sa mère. L'essentiel est de les tranquilliser.
Tu connais les parents :
ils s'imaginent toujours qu'il va t'arriver le pire ! Prouve-leur qu'un « oui » leur apporterait des tas d'avantages. Avec un peu d'argent de poche, par exemple, tu apprendrais la vraie valeur des choses, et aussi à gérer comme les grands. Ça t'aiderait pour plus tard !

@Margot, 9 ans

> Je promets tout un tas de choses en échange (aider au ménage, bien travailler à l'école...)

Ne demande pas tout en même temps

Ne sois pas trop gourmande.
Si tu leur demandes à la fois d'aller au cinéma toute seule, d'avoir de l'argent de poche et d'adopter un chien, tu cours droit au refus tout net ! Vas-y en douceur, une chose après l'autre.

Savoir renoncer

Si tu te heurtes à un refus catégorique, n'insiste pas. Inutile de faire un caprice, une colère, ou de menacer.
Tu obtiendras l'effet inverse de ce que tu cherches. Tes parents vont se braquer et n'auront sûrement pas envie de te faire plaisir.

Respecte les consignes

Tu as leur accord ? Alors, suis bien le contrat que vous vous êtes fixé. Rentre à l'heure, ne mens pas... Prouve-leur qu'ils peuvent te faire confiance. Et la prochaine fois, ce sera encore plus facile...

À QUOI TE SERT L'ARGENT ?

Que représente l'argent pour toi ? À voir...

1 Tu viens de recevoir ton argent du mois. Tu achètes :

- Ton magazine préféré.
- Des bonbons à manger entre copines.
- Rien pour l'instant. Hop, dans la tirelire !

2 Dans les magasins, avant Noël :

- Tu compares les prix avec ta maman.
- Tu listes ce qui te fait envie.
- Tu repères des cadeaux pour ta famille.

3 Tu penses que...

- L'argent est dur à gagner.
- Quand on aime, on ne compte pas.
- L'argent ne fait pas le bonheur... mais y contribue !

4 Une boutique solde des bijoux fantaisie. Tu en prends...

- Un pour Lucie : c'est son anniversaire.
- Deux pour toi : c'est vraiment pas cher !
- Zéro : tu en as plein tes tiroirs.

5 Si tu gagnais au Loto...

- Tu changerais ta garde-robe.
- Tu placerais ta fortune à la banque.
- Tu emmènerais tes parents en vacances.

Max de :
miss Généreuse

Garder tes sous pour toi, aucun intérêt ! Ni égoïste ni intéressée par l'argent, tu préfères le dépenser pour ceux que tu aimes. Dénicher le « truc qui plaira à coup sûr » est d'ailleurs ta spécialité. Bravo pour ta gentillesse... mais gare à ce qu'on n'abuse pas de ton bon cœur !

Max de :
miss Plaisir

Tu as envie d'un CD ou d'un joli bracelet ? Tu sors illico ton porte-monnaie ! Ton argent sert en priorité à te payer les babioles qui te tentent. Tant que tu en as, tu ne te prives pas. Mais quand tu n'en as plus, tu peux regretter tes « folies ». Réfléchis avant de craquer...

Max de :
miss Tirelire

L'argent ne tombe pas du ciel ! Alors, quand tu en reçois, tu le mets de côté. Pour toi qui as souvent peur d'en manquer, voir augmenter ta cagnotte te rassure : en cas de besoin, tu pourras piocher dedans sans te ruiner pour autant. Si ta prudence t'honore, n'oublie quand même pas de te faire plaisir !

Test de Julie Got

LES ASTUCES DE JULIE

9 PISTES POUR TE FAIRE DE L'ARGENT DE POCHE

☆ Participe à un vide-greniers. Ça débarrasse et ça rapporte ! Attention, les emplacements sont souvent payants. Moi, je me mets avec une copine pour que ça coûte moins cher.

Chloé, 11 ans

☆ Tu peux vendre des colliers de coquillages. C'est ce que je fais avec ma cousine, l'été, quand on part en vacances à la mer. C'est très joli et ça marche bien.

Hanaé, 10 ans

☆ J'apporte mes vêtements et mes jouets en bon état dans des dépôts-ventes. Ils les vendent pour moi ou me les rachètent directement.

Sarah, 13 ans

☆ Fais les courses pour une vieille dame. Elle te donne sa liste et tu livres à domicile.

Myriam, 12 ans

☆ Lave la voiture de tes voisins ou de tes parents. Aspirateur à l'intérieur et tout et tout.

Samia, 10 ans

☆ Fais le facteur pour des personnes âgées ! Poste pour elles leurs lettres et leurs colis.

Nathalie, 9 ans

☆ **LE SAIS-TU ?**

En France, la loi interdit de faire travailler des enfants en dessous de 14 ans.

☆ Si tu aimes les animaux, fais du « dog-sitting ». C'est toi qui promène les toutous de tes voisins. Attention qu'ils ne s'échappent pas !

Léa, 8 ans

☆ Rends service : arrose les plantes des voisins quand ils sont en vacances, nourris leur poisson rouge ou leur chat...

Marine, 9 ans et demi

☆ Moi, je suis assez bricoleuse. Pour mes anniversaires, je fais la décoration et les invitations, mes copines adorent ! Une fois, la maman d'une copine m'a demandé de faire la même chose pour la fête de la petite sœur. Et elle m'a donné 15 euros !

Camille, 11 ans

☆ **ÇA NE MARCHE PAS !**

- **SE FAIRE PAYER LES BONNES NOTES**
C'est pour toi que tu apprends, pas pour tes parents.
- **LE BABY-SITTING**
S'occuper d'un enfant, c'est une lourde responsabilité et ce n'est pas aussi facile que tu le crois. Tu es encore un peu jeune.
- **RÉMUNÉRER LES TÂCHES MÉNAGÈRES**
C'est naturel d'y participer quand on vit en famille. Tu imagines si tes parents te faisaient payer le repassage, les courses, le ménage... ?

BON À SAVOIR

ON EN VEUT À TON ARGENT DE POCHE !

Tes parents te donnent quelques euros tous les mois ? Ne te réjouis pas trop vite, car on va tout faire pour que tu les dépenses.

Les suspects

Fabricants de vêtements, de produits de beauté ou alimentaires, producteurs de disques… tous t'observent dans l'ombre.

Ce qu'ils veulent

Te faire acheter leurs produits bien sûr ! Avec en moyenne 12 euros par mois d'argent de poche, tu les intéresses vivement.
Rends-toi compte, chaque année, en France, les 4-14 ans ont 1,1 milliard* d'euros à dépenser !
Mais pourquoi s'acharner ainsi sur toi ?
Parce que ton avis vaut de l'or ! Tu l'ignores peut-être mais tu as beaucoup d'influence sur les achats de… tes parents ! On murmure même que ton avis déterminerait la moitié des dépenses de la famille ! Et cela ne concerne pas seulement les produits qui te sont directement destinés mais aussi l'informatique, l'électroménager ou la future voiture. De plus, ces industriels préparent leur avenir. Sais-tu qu'une fois adulte, tu continueras d'utiliser plus de 50 % des produits que tu consommes à ton âge ? Intéressant, non ?

BON À SAVOIR

Ce que tu risques

Déjà, de dépenser sans compter, mais surtout de te faire manipuler. Influencée, tu finis par perdre ton esprit critique : tu n'achètes plus en fonction de tes propres goûts mais en suivant ceux qu'on t'impose. Tu t'imagines que, sans les dernières chaussures à la mode, tu ne peux pas être heureuse. C'est dommage.

Leurs armes

Pour connaître parfaitement tes goûts, ils font des études très poussées. Ils envoient même des espions dans les cours de récré ! Plus fort : ils font tout pour que tu aimes leurs produits. En payant tes stars préférées pour porter leurs vêtements, par exemple. Bien vu car, quand on est fan, on fait tout pour ressembler à son idole. Autre tactique : « inonder » tes oreilles avec la chanson de leur dernier artiste, encore inconnu. Tu l'entends partout : à la radio, la télé... Résultat : même si tu n'adorais pas au début, tu succombes, littéralement « intoxiquée ».

☆ 8 QUESTIONS POUR RÉSISTER

Bien sûr, il ne s'agit pas de vivre renfermée et de se priver de tout ce qui est à la mode. Mais simplement de réfléchir avant d'acheter, en se posant les bonnes questions :

- Pourquoi as-tu envie de ce produit ?
- Le voudrais-tu toujours s'il n'était pas à la mode ?
- Pourrais-tu t'en passer ?
- Qu'est-ce que ça va t'apporter de l'avoir ?
- Ta décision a-t-elle été influencée par quelqu'un ?
- Estimes-tu que cela vaut le prix qu'on t'en demande ?
- Cela mérite-t-il le sacrifice d'une bonne partie de ton argent de poche ?
- Ne préférerais-tu pas économiser pour acheter quelque chose de plus important ?

* Baromètre Kids & Teens' Mirror, Junior City, 2016

SOS JULIE

JE VEUX UN TÉLÉPHONE PORTABLE !

Et ça coince du côté de tes parents ? Mets-toi à leur place : un portable, ça coûte cher. Et puis, ce n'est pas sans risque. Ils craignent sans doute qu'on te le vole ou que tu ne mettes ta santé en danger. À toi de leur montrer que tu es assez grande et raisonnable pour en avoir un. Commence par leur expliquer tous les avantages qu'ils pourront en tirer : savoir où tu es, se joindre en cas d'urgence. Tranquillise-les en leur proposant d'opter pour un forfait bloqué ou une carte prépayée. Montre leur aussi que tu es capable de choisir un modèle adapté à tes besoins. Inutile d'avoir l'Internet illimité par exemple.

Enfin, prouve-leur que tu connais les règles de bon usage : utiliser un kit piéton, l'éteindre la nuit, ne pas le mettre à l'oreille quand les émissions d'ondes sont à leur maximum... Ils ne sont toujours pas décidés ? Prends patience. L'âge moyen du premier téléphone portable coïncide avec l'entrée au collège. Tu n'en es peut-être plus très loin...

@Cléa, 11 ans

Fais des compromis ! Pour avoir mon portable, je dois avoir 18 de moyenne. Tu peux aussi économiser et te l'acheter avec ton argent de poche.

@Iris, 12 ans

J'ai un portable, mais c'est moi qui paye mon crédit. C'était la condition pour que mes parents acceptent. Elle me semble raisonnable. Comme ça, je fais attention au temps que je passe sur mes appels !

@Lila, 13 ans

J'ai un portable avec une carte. Mes parents la rechargent quand elle est vide, une fois par mois maximum. En échange, je dois y faire attention, ne pas dépenser la carte trop vite et ne pas me le faire confisquer en cours.

AS-TU TOUT D'UNE GRANDE ?

Un peu, beaucoup, pas trop... Sais-tu te montrer responsable ?

Coche OUI ou NON pour chaque proposition.

	OUI	NON
1 Le repas est terminé ? Tu débarrasses spontanément la table.		
2 Tu as un chien, tu le sors, c'est normal !		
3 Tes parents veulent aller au ciné... O.K., tu garderas ton petit frère.		
4 S'il n'y a plus de pain, tu files à la boulangerie.		
5 Avant de partir en vacances, tu fais toi-même ta valise (en entier ou à moitié).		
6 Tu évites de rester scotchée à la télé lorsque tes devoirs t'attendent.		
7 Rentrer seule du collège, pas de problème !		
8 Tu acceptes qu'on te dise « non » sans piquer de colère.		
9 Tes parents savent toujours où tu es, avec qui, et quand tu vas rentrer.		
10 Tu perds rarement tes affaires.		
11 Tu penses à te brosser les dents le soir, surtout si tu as mangé des bonbons.		

De 0 à 3 OUI : encore petite fille

Te faire chouchouter par papa-maman, c'est si bon ! Pas pressée de grandir, tu aimes mieux te reposer sur tes parents et ne pas prendre trop d'initiatives à la maison. Peut-être as-tu peur de mal faire ? Rassure-toi : c'est en se trompant qu'on apprend...

De 4 à 7 OUI : en route vers l'indépendance

Au quotidien, tu essaies de te montrer responsable et de te débrouiller toute seule. Mais si tu as besoin d'un coup de main, tu n'hésites pas à demander de l'aide à tes parents. Parce que tu as encore besoin de leur présence et de leur soutien... et c'est normal !

De 8 à 11 OUI : déjà grande !

Mûre et autonome, tu t'assumes au maximum ! Tes parents n'ont pas à te rappeler ce que tu dois faire. Consciente qu'ils s'inquiètent pour toi, tu es là pour les rassurer. Veille quand même à ne pas trop jouer les adultes. Tu as aussi le droit de t'amuser !

Test de Julie Got

BON À SAVOIR

LA VÉRITÉ SUR LA COLO

Guide antipanique pour partir sans angoisse.

J'ai besoin de mon doudou – on va se moquer

FAUX

Ce serait surprenant ! La plupart de ceux qui partent en colo emmènent le leur, parole d'un directeur de centre de vacances ! Et pourquoi te priver de ce qui peut te rassurer ou te consoler d'être un peu loin de tes parents ? Alors n'hésite plus ! Glisse-le dans ta valise. Et si tu as vraiment trop de mal à assumer, choisis un minidoudou !

Je vais m'ennuyer

FAUX

Vraiment ? Avec toutes les activités qu'on te propose ? Ça m'étonnerait. Au contraire, profites-en pour découvrir de nouveaux sports. Imagine : accrobranche, spéléo, canyoning, théâtre... il n'y a qu'en colo qu'on peut faire tout ça ! Sans oublier les parties de rigolade à huit autour de la table, les longues soirées de papotage ou encore... les boums !

Mes parents vont me manquer

VRAI

En tout cas, les premiers jours. Peut-être même que tu seras un peu triste. Mais ça ne durera pas ! Le plus souvent, c'est même le contraire : le temps passe si vite que tu peines à trouver un moment pour leur écrire ! C'est plutôt tes parents qui vont s'ennuyer de toi ! Tu as peur de les quitter ?

BON À SAVOIR

Pourtant, tu l'as déjà fait ! Si tu pars chez tes grands-parents par exemple. Et puis, ils seront toujours les mêmes à ton retour. Alors que toi, tu auras sûrement grandi. Si malgré tout, tu ne te sens vraiment pas bien, si tu as toujours envie de pleurer, parles-en aux moniteurs. Ils sont là pour ça. Et si c'est l'attitude d'un animateur qui te met mal à l'aise, adresse-toi à un autre adulte ou bien à tes parents.

Je ne vais pas réussir à m'adapter

FAUX

Il te faudra sans doute quelques jours pour t'habituer aux nouvelles règles. Tu te dis que tu n'y arriveras jamais ? Pourtant, à la maison, tu sais faire plein de choses toute seule ! Et si tes parents ont décidé de t'envoyer en colo, c'est qu'ils savent que tu te débrouilleras très bien, tu peux leur faire confiance !

Ça va être dur de se faire des copines

FAUX

En colo, tous seront dans ton cas : nouveaux ! Cela favorise les contacts. Et si tu es un peu timide, rassure-toi, les moniteurs sont là. Avec les jeux et les animations, les occasions de rencontre ne manquent pas !

LES ASTUCES DE JULIE

COLO : LA VALISE À ASTUCES DES COPINES

☆ Emmène ton doudou. La première fois, je ne l'avais pas emporté, par peur du ridicule. Tout le monde en avait un !

Kenza, 12 ans

☆ Si tu as peur, pars avec une copine.

Hélène, 11 ans

☆ Emmène une photo de tes parents réunis.

Tara, 12 ans

☆ Pour les copines, laisse-toi aller. Tout le monde a peur d'aller en colo. Donc, sur place, tout le monde veut se faire des amis !

Marine, 9 ans

☆ N'aie pas peur de t'adresser aux monos, ils sont souvent jeunes. On peut leur parler. Et ils sont super cool !

Coline, 10 ans

☆ Choisis bien ta colo en fonction de tes goûts.

Oriana, 12 ans

☆ En colo, on se sent indépendantes parce qu'on s'amuse sans nos parents.

Pauline, 10 ans

☆ Emporte des enveloppes timbrées à l'adresse de tes parents et une carte téléphonique pour les appeler d'une cabine si tu ne peux pas le faire de la colo.

Lucile, 9 ans

L'avis de l'expert

Ce qui te fait peur, c'est l'inconnu.

C'est normal, on craint toujours ce qu'on ne connaît pas. Pourtant, la colonie, c'est une expérience très enrichissante, qui fait grandir. Grâce à elle, tu vas t'apercevoir que tu arrives très bien à vivre sans tes parents, que tu peux être heureuse sans eux. Même si tu rencontres peut-être, au début, quelques difficultés. En colonie, tu vas ressentir des émotions fortes. Cela crée des liens de vivre si près les uns des autres ! Et puis, il y aura tous ces petits secrets, ces moments que tu voudras garder pour toi. Sans les raconter aux parents !

Sylvie Companyo, psychologue

LES ASTUCES DE JULIE

MES PARENTS NE VEULENT PAS QUE JE ME MAQUILLE

Et toi, pourquoi as-tu envie de te maquiller ? Pour faire comme les copines ? Pour te sentir plus jolie ? Pour paraître plus âgée ? Un peu de gloss ou de mascara ne vont pas te rendre subitement irrésistible ! Si tu montres à tes parents que ce n'est pas essentiel pour toi, mais juste un « amusement » de temps en temps, ils seront sûrement d'accord. Tu sais comment ils sont : ils ont peur que tu en fasses trop. Il faut les rassurer. Explique-leur que tu n'as pas l'intention de te transformer en pot de peinture ambulant… ni en « petite femme ! » Vas-y en douceur : un peu de vernis, du gloss, c'est déjà un début. Pour le reste, tu as bien le temps ! Réserve l'option maquillage aux grandes occasions comme les fêtes de fin d'année, les anniversaires ou l'été, en vacances. Par contre, le maquillage à l'école, honnêtement, ce n'est pas une bonne idée et c'est souvent interdit par le règlement.

L'avis de l'expert

Plus tard, tu ne rêveras que d'une chose : retrouver ta peau d'enfant ! Alors pourquoi déjà chercher à te vieillir ? Surtout que sur toi, un soupçon de maquillage peut très vite faire vulgaire ! Pour faire rosir tes joues, j'ai une astuce : les tapoter un peu ou faire une balade au grand air. Aussi efficace que du blush ! Mais le plus important, c'est de bien hydrater ta peau. Sinon, le maquillage ne fera que l'abîmer…

Isabelle Smagghe, maquilleuse

@Morgane, 11 ans

L'argument de ma mère ? Elle se maquille pour cacher ses cernes, ses rides… Nous, on n'a rien à cacher !

@Lila, 13 ans

Il faut la jouer light. Emprunte le mascara de ta mère, mets-en un peu, va la voir et demande lui si c'est joli.

@Alex, 12 ans

Certaines de mes copines sont bourrées de maquillage. Je ne trouve pas ça très joli. Moi, je me maquille que pour les boums.

BON À SAVOIR

TOUCHE PAS À MON CORPS !

**Ton corps n'appartient qu'à toi.
Apprends à le faire respecter en cinq leçons.**

Leçon n° 1 : c'est à toi de décider qui peut voir ton corps ou bien le toucher

Alors si désormais tu t'enfermes dans la salle de bains ou que tu refuses les embrassades piquantes de pépé, il va falloir s'y faire ! Qu'on se le dise : ton attitude n'a rien d'extraordinaire. Tu demandes simplement qu'on respecte ton intimité. Tout le monde en a besoin, même les adultes ! En grandissant, tu as mieux pris conscience de ton corps. Et puis, tu sens bien qu'il est en train de changer et, pour le moment, tu préfères le cacher : tu es devenue pudique. C'est assez perturbant comme ça pour qu'on ne vienne pas, en plus, te faire des réflexions !

Leçon n° 2 : avec les garçons, pose tes limites

D'accord, autrefois, tu aimais bien la bagarre avec les garçons, les petits bisous ou même jouer au « papa et à la maman ». Mais aujourd'hui, ce n'est plus pareil ! Fais-leur comprendre quand leurs gestes te déplaisent. Comment ? En leur disant non, tout simplement. C'est vrai, les garçons sont peut-être attirés ou curieux de ton corps qui se transforme. Mais cela ne leur donne pas le droit de te mettre la main aux fesses ou de te toucher la poitrine « pour voir » ou pour s'amuser ! Aimeraient-ils, eux, qu'on baisse leur pantalon ou qu'on cherche à toucher leur sexe ?

BON À SAVOIR

Leçon n° 4 : apprends à décoder les gestes malsains des autres

Un câlin, un bisou, si ça te fait plaisir et si tu en as envie, il n'y a rien de mal. Mais si un adulte te force à te déshabiller, tente de toucher une partie intime de ton corps ou te demande de caresser son sexe, là, c'est interdit !

Leçon n° 5 : observe les règles de prudence

Ne suis jamais un inconnu ou une personne que tu ne connais pas bien. Dis toujours à tes parents où tu es et où tu vas. Avant de faire quelque chose, demande-toi à chaque fois si tes parents seraient d'accord. Ne va jamais dans un endroit où personne ne peut t'aider. Ne garde jamais un secret qui te fait te sentir mal.

Leçon n° 3 : écoute ce que tu ressens

Fais-toi confiance. Si un geste de quelqu'un, quel qu'il soit, adulte ou enfant, même s'il est gentil, même s'il te connait bien, te met mal à l'aise, te gêne ou te fait peur, ne te laisse pas faire. Refuse. On n'a pas le droit de te toucher ou bien de t'obliger à faire des choses dont tu n'as pas envie.

SOS JULIE

J'AI ÉTÉ VICTIME DE MALTRAITANCE

Tu as été violemment battue ou bien on t'a obligée à faire des choses sexuelles ? C'est très grave. Personne n'a le droit d'agir ainsi envers un enfant, surtout pas un adulte. C'est interdit par la loi.
Tu ne dois absolument pas te sentir responsable. Tu n'y es pour rien. Seul ton agresseur est en cause. Cette personne est malade dans sa tête et a besoin d'être soignée.

Tu ne dois pas garder ce qui t'est arrivé pour toi. C'est trop lourd à porter. Tu ne t'en sortiras pas seule. Tu vas avoir besoin qu'on t'aide. La seule manière, c'est d'en parler. Tu dois t'adresser à une personne en qui tu as confiance, l'infirmière scolaire, un professeur, une tante, la mère d'une copine, etc. Beaucoup d'adultes peuvent t'aider.

Tu as peur qu'on ne te croie pas ? C'est très rare. Mais si cela arrive, tourne-toi vers une autre personne jusqu'à ce que quelqu'un t'écoute.

L'avis de l'expert

Même si tu aimes la personne qui te fait du mal, il faut que tu parles. Peut-être que tu n'oses pas parce que tu redoutes les conséquences pour ta famille. Ta réaction est parfaitement compréhensible ! Mais chez toi, ce qui se passe est anormal. Il faut stopper cette situation. Il y a des choses interdites qui ne se font pas ! Si tu parles, on t'aidera à trouver des solutions pour toi et pour tes proches.

Catherine Schor,
psychologue clinicienne,
Enfance et Partage

☆ NUMÉROS SOS

Au bout du fil, des personnes qui sont là pour t'aider et t'écouter. L'appel est gratuit et anonyme.

Allô enfance maltraitée :
119
www.allo119.gouv.fr

Enfance et Partage :
0 800 05 12 34
www.enfance-et-partage.org

MES PARENTS N'ARRÊTENT PAS DE SE DISPUTER, J'AI PEUR QU'ILS DIVORCENT

Rassure-toi. Ce n'est pas parce qu'ils se disputent que tes parents vont se séparer. Ne pas être d'accord, cela ne veut pas dire qu'on ne s'aime pas ! Toi aussi, il t'arrive de te fâcher avec ta meilleure amie. Ce n'est pas pour ça qu'elle ne compte plus pour toi ! Et puis, parfois, on est un peu plus fatigué ou de mauvaise humeur, alors on s'emporte plus facilement.

Si tes parents n'arrivent plus à se parler sans crier, c'est un peu différent. Peut-être qu'ils traversent un moment difficile. Laisse-leur le temps de trouver une solution. En attendant, tu peux leur dire que cela te fait de la peine de les entendre se chamailler devant toi. Il faut qu'ils règlent leurs problèmes entre eux.

L'avis de l'expert

Les colères et les disputes ne sont pas que négatives. Elles permettent aussi de faire le point, de parler des soucis, de ce qui ne va pas. Quand on s'explique, on peut repartir sur de bonnes bases.

Mais si la mésentente entre tes parents devient trop difficile à supporter pour toi, parles-en à quelqu'un, un adulte en qui tu as confiance : la psychologue de l'école, un médiateur familial... Tu ne dois pas rester seule avec toutes tes questions. Parler soulage et permet de trouver des solutions.

Marie Simon, médiatrice familiale

@Barbara, 11 ans

Explique-leur que ça te rend triste.

@Morgane, 11 ans

Ne t'en mêle surtout pas, ça aggraverait les choses ! Mais rassure-toi, tous les couples se disputent !

@Camille, 13 ans

Se fâcher, ça arrive à tout le monde ! Tu sais, parfois, les disputes font avancer les relations.

BON À SAVOIR

DIVORCE : ET APRÈS ?

Tu viens de l'apprendre : tes parents se séparent. Les questions se bousculent dans ta tête. Voici quelques réponses.

Ce n'est pas ta faute

Tu te sens peut-être responsable de la séparation de tes parents. Pourtant, tu n'y es pour rien ! C'est leur décision. Ton caractère, ton comportement ou même tes mauvaises notes à l'école n'ont rien à voir là-dedans. C'est vrai, ils se séparent, alors qu'ils disaient s'aimer. Mais cela ne veut surtout pas dire qu'un jour, ils cesseront de t'aimer, toi. Votre relation est différente : tes parents restent tes parents, pour toujours. Tu penses peut-être que tu peux faire quelque chose pour les réconcilier ? Abandonne cette idée. Tu n'arriveras pas à les faire changer d'avis et tu risques donc d'être déçue.

C'est normal de te sentir triste ou en colère

Toi, tu n'as pas choisi cette situation. Alors, tu es peut-être souvent de mauvaise humeur, tu t'énerves plus facilement avec tes copines, en classe. Ou bien tu as tout le temps envie de pleurer. Il t'arrive d'en vouloir à tes parents mais comme tu les aimes aussi, tu t'en veux d'être en colère contre eux. Parfois, tu as même mal à la tête, au ventre... Il va te falloir un peu de temps pour « digérer » ce que tu ressens. Si besoin, parle de tout cela à un adulte en qui tu as confiance : ta marraine, ton grand-père, la psychologue de l'école...

BON À SAVOIR

Ta vie va changer

Deux maisons, des allers-retours, deux organisations… c'est normal que tu sois inquiète. Pendant quelque temps, tes repères vont être bouleversés. Tu vas devoir prendre de nouvelles habitudes. Mais tu verras, tu finiras par t'adapter. Et puis, ce sera peut-être mieux, une maison sans tensions. Un parent plus disponible pour toi, qui retrouve le sourire, c'est plus facile à vivre.

ÉVITE LE PIÈGE

Ne sers pas d'espion

Maintenant que tes parents sont séparés, ils vont peut-être te poser plein de questions sur la vie de l'autre.

Tu n'es pas obligée de leur répondre. Désormais, ils doivent apprendre à faire leur vie chacun de leur côté. Si tu as l'impression qu'on se sert de toi, dis-leur de s'adresser directement l'un à l'autre. De même, tu n'es pas forcée de transmettre des messages entre tes parents. Ce n'est pas ton rôle ! À eux de s'organiser, et s'ils n'y arrivent pas, de se faire aider.

Tu continues à voir tes deux parents

Même si tu ne vis pas tout le temps avec ton père ou ta mère, tu as le droit de voir tes deux parents. Même chose pour tes grands-parents. Lorsque tu passes un moment agréable avec l'un de tes parents, tu n'oses pas toujours ensuite en parler à l'autre. Tu as peut-être l'impression de l'avoir trahi. Mais tu as le droit de te sentir bien avec chacun d'eux. Raconte-leur ce que tu fais sans eux, si tu en as envie.

BON À SAVOIR

☆ ÉVITE LE PIÈGE

Ne remplace pas le parent absent

C'est normal que tu participes un peu plus à la vie de la maison. Avant, il y avait deux personnes pour s'occuper des courses, du ménage, du linge, etc. Mais tu ne dois pas pour autant devenir la confidente de tes parents. Bien sûr, cela te touche de les voir malheureux. Mais tu ne peux pas faire grand-chose pour les aider. Les enfants ne sont pas là pour prendre soin des adultes. C'est le contraire !

Ton papa ou ta maman est amoureux !

C'est normal que tes parents rencontrent quelqu'un à nouveau. Ça t'ennuie ? Rappelle-toi : un parent heureux, c'est toujours plus facile à vivre pour les enfants ! Mais que faire de ce « nouveau venu » ? D'abord, rassure-toi : il ne remplace aucun de tes parents. Il n'est pas là non plus pour te les « voler ».

Tu as le droit de le détester, mais tu dois le respecter. Au fond, il ne te connaît pas et il a sûrement aussi peur que toi. Il va vous falloir un peu de temps pour vous habituer l'un à l'autre. Mais vous avez déjà un point commun : vous avez tous les deux envie que cela se passe bien.

La famille s'agrandit

Aïe ! Le nouveau conjoint de tes parents débarque avec ses enfants. Te voilà obligée de partager ta maison, ton parent et parfois même ta chambre. Pas facile... Essaie d'accepter la situation au mieux, de t'y adapter peu à peu. Comment ? En ne déclarant pas d'emblée que « ces nouveaux intrus », tu les détestes ! Tu ne les connais pas. Laisse-leur une chance ! Après une période d'observation, chacun va finir par trouver sa place. Et puis, eux aussi viennent de traverser des épreuves. Donnez-vous un peu de temps. Qui sait ? Tu seras peut-être surprise de les apprécier, quand vous vous connaîtrez mieux.

BON À SAVOIR

DIVORCE : 7 TRUCS POUR PASSER LE CAP

☆ Pour t'y retrouver, sur deux calendriers, colorie de deux couleurs différentes les moments où tu vis chez ton père et ceux où tu vis chez ta mère. Affiche-les dans chaque maison.

☆ Le parent absent te manque ? Rends-le présent : remplis un album avec des photos de vous deux, réalise un sous-main pour ton bureau avec des souvenirs de moments passés ensemble. Reste en contact avec chacun d'eux : téléphone, mail, courrier... Installe et décore tes deux chambres comme si tu y étais à temps plein.

☆ Deux maisons, deux façons de vivre. Pour savoir quelles règles tu dois respecter dans chaque endroit, tu peux créer un journal de bord : « chez maman, je débarrasse la table, chez papa, j'ai droit à un quart d'heure de télé avant les devoirs... »

☆ Si c'est possible, garde le contact avec tous tes grands-parents, même si tu vois peu l'un ou l'autre de tes parents. Quand tout change autour de toi, leur affection et leur stabilité sont des repères rassurants.

☆ Évite le chantage du type « chez papa, je peux regarder la télé jusqu'à 22 heures ». Cela ne ferait qu'attiser les conflits entre tes parents.

☆ Tu te sens vraiment déprimée ? Ne garde pas tout pour toi. Demande à tes parents à rencontrer un psychologue ou un médiateur familial qui t'aidera à passer ce cap difficile. Renseigne-toi à la Fenamef, la Fédération nationale de la médiation et des espaces familiaux : 02 31 46 87 87. On pourra t'orienter vers des groupes de parole pour enfants.

☆ Même si c'est difficile, essaie de voir les choses du bon côté. Tu vas multiplier par deux les fêtes, les cadeaux, les vacances, les rencontres... Mais surtout, ton papa et ta maman vont être plus disponibles pour toi. Tu vas peut-être les redécouvrir !

BON À SAVOIR

LE DIVORCE VU PAR LES COPINES

☆ J'avais 9 ans quand mes parents ont divorcé. Je n'en ai pas vraiment souffert car je savais que ce n'était pas ma faute et j'en avais assez de les entendre se disputer à longueur de journée. Et puis, je vois toujours régulièrement mon père.
Ma mère s'est remise avec quelqu'un qui a deux fils. Ils m'énervent un peu. Mais comme je suis fille unique, quand ils viennent, je m'ennuie moins !

Samia, 10 ans

☆ Mes parents sont divorcés. Au début, ce n'était pas facile. Mais maintenant, je suis arrivée à l'accepter. Du coup, j'ai deux demi-frères, ils sont super sympas !

Mei, 11 ans

☆ Si ça ne colle pas avec le compagnon ou la compagne de tes parents, mieux vaut avoir une discussion avec eux au lieu de se buter.

Perrine, 13 ans

☆ Je fais partie d'une famille recomposée. Mon conseil : demande à ton papa ou ta maman de t'acheter un téléphone portable. Comme ça, tu pourras contacter l'un ou l'autre sans que tes parents se fâchent !

Julie, 10 ans

☆ Les avantages d'avoir des parents séparés ? Plus de cadeaux, deux chambres, plein de cousins, cousines et de grands-parents. Et quand je vais chez mon père, j'ai l'impression de partir en vacances !

Agathe, 12 ans

☆ Appartenir à une famille recomposée, c'est pas l'enfer ! Bien sûr, au début, ça a été très dur pour moi. Je ne supportais pas le fils du petit ami de ma mère. On n'a qu'un an d'écart et on se battait tout le temps ! Mais aujourd'hui, on est devenus amis. Je suis même sa confidente !

Manon, 11 ans et demi

☆ C'est parfois difficile d'avoir deux familles. Moi, j'ai toujours du mal à quitter l'une pour aller chez l'autre. Mais au bout de quelque temps, je m'habitue et je me sens bien. Je crois que le plus important, c'est de bien s'entendre avec son papa et sa maman.

Gaëlle, 12 ans

BON À SAVOIR

J'AIMERAIS TANT AVOIR UN FRÈRE OU UNE SŒUR

Vraiment ? Tu rêves de ne plus être la préférée de tes parents ? De devoir partager tes jouets ? D'avoir toujours un minus collé à toi ? As-tu bien réfléchi aux conséquences ? Pas sûr... Être fille unique, ça a pourtant de bons côtés. Mais oui ! On ne s'occupe que de toi. Ton père et ta mère sont plus disponibles, plus à l'écoute. Vous pouvez partager plus de choses ensemble. Ce n'est pas rien !

La solitude te pèse ? Invite plus souvent des copines à la maison. Rapproche-toi de tes cousins et cousines. Participe à des activités en dehors de l'école. Tu pourras y rencontrer beaucoup de monde et peut-être... t'y faire de nouveaux amis ! Et puis, n'oublie pas : au final, la décision ne t'appartient pas, elle concerne tes parents. Tu ne peux pas leur imposer ta volonté.

@Mélissa, 10 ans

J'ai une copine qui est fille unique. En fait, elle ne s'ennuie pas parce qu'elle est toujours chez sa voisine, ou bien c'est sa voisine qui est chez elle ! Fais comme elle : rapproche-toi des enfants du quartier.

L'avis de l'expert

Ce qui est sans doute difficile pour toi aujourd'hui, c'est que tu es seule face à tes parents. Tous leurs espoirs, leurs attentes reposent sur toi. Parfois, c'est un peu lourd à porter. Tu te dis que s'il y avait quelqu'un d'autre, ce serait peut-être moins dur...

Cette envie, c'est aussi une manière d'interroger ton père et ta mère : « Est-ce que je vous comble ? » Au fond de toi, tu espères secrètement qu'ils vont te dire qu'ils n'ont pas besoin d'autre enfant, puisqu'ils t'ont toi. Tu veux simplement être sûre qu'ils t'aiment toujours.

Sylvie Companyo, psychologue

@Clara, 11 ans

Demande à avoir un animal.

BON À SAVOIR

ENTRE FRÈRES ET SŒURS

Quand on en a, ils nous énervent. Et quand on n'en a pas, on en rêve. Bienvenue sur la planète « fratrie » !

Les disputes ! Voilà l'une des caractéristiques des relations entre frères et sœurs. Impossible de trouver une fratrie chez qui la vie soit toujours rose. Au menu des réjouissances : jalousie, envie, sentiment d'injustice... Logique : on choisit ses amis, pas sa famille.

On se « haime »

Entre frères et sœurs, s'aimer, ce n'est pas obligatoire ! Ouf ! C'est vrai, on a les mêmes parents et on vit dans la même famille, mais on est un individu unique. Avec son caractère, ses goûts, ses opinions... Alors forcément, il arrive qu'il y ait des étincelles... Chacun lutte pour être le « préféré » de ses parents. Chacun essaie d'être plus fort que l'autre. Chacun se bat pour se faire entendre et avoir une place. Dans la famille, c'est la compétition permanente !

BON À SAVOIR

On grandit plus vite

C'est ça qui est bien justement ! La preuve : cette relation fait grandir. C'est là qu'on apprend à partager, à être tolérant. Là aussi qu'on s'aperçoit qu'on est tous différents.

Et c'est tant mieux. Grâce à ses frères et sœurs, on a plus de facilités à s'adapter à la vie en société, parce que les règles de vie avec les autres, on connaît déjà ! Et puis aussi, à leur contact, on progresse. On cherche à acquérir leurs qualités... pour les dépasser !

On est plus fort

Ce qui est génial, entre frères et sœurs, c'est qu'on se construit plein de bons souvenirs. Et aussi, à plusieurs, on se sent plus fort pour braver les parents ! Enfin, en cas de coup dur, on se serre les coudes. Et si c'est vraiment la guerre entre vous ? Rassure-toi. Votre relation n'est pas fixée une fois pour toutes. Elle change... avec vous ! Ça tombe bien : la relation fraternelle est l'une des relations affectives les plus longues de la vie ! Dans quelque temps, vous serez peut-être très complices...

SOS JULIE

MA PETITE SŒUR N'ARRÊTE PAS DE ME COPIER !

Elle a tout simplement envie de grandir et surtout elle t'admire ! Tu es son modèle. C'est plutôt flatteur, tu ne trouves pas ? Ça t'énerve ? C'est compréhensible. Tu trouves assez pénible d'être toujours suivie par un « petit toutou » comme si, tout à coup, tu avais été clonée ! Très désagréable… Et puis, elle n'a pas ton âge ! Alors, pourquoi devriez-vous faire les mêmes choses ? La situation doit te peser encore plus si tes parents te demandent sans cesse de t'occuper de ta petite sœur. Toi, tu préférerais qu'on te laisse un peu respirer !

Sois un peu indulgente. Ta sœur n'est pas encore capable de découvrir ses propres qualités, comme toi tu l'as fait. Mais ça viendra. En attendant, tu peux la guider. Mets-la en valeur. Montre-lui ses atouts, différents des tiens, et elle te laissera tranquille ! Et puis, quand tes parents te disent, pour la centième fois, de veiller sur ta sœur, rafraîchis-leur la mémoire. Ça leur plaisait à eux d'avoir toujours les petits dans leurs jambes ? Non ? Eh bien pour toi, c'est pareil !

@Estelle, 13 ans

Je joue son jeu ! Je lui dis que je suis son idole. Je lui propose de signer un autographe. Ça l'énerve et elle arrête aussi sec !

@Marie, 10 ans

Imite-la à ton tour ! Elle verra combien c'est énervant.

MON GRAND FRÈRE ME DONNE DES ORDRES !

Typique des grands cette attitude. Il faut toujours qu'ils jouent les petits chefs ! Hélas ! C'est souvent dû au rôle que les parents leur donnent. À eux de veiller sur les petits, de montrer l'exemple. Ce n'est pas si facile ! C'est vrai, ça n'excuse pas tout. Tu as déjà assez de deux parents alors un troisième, c'est au-dessus de tes forces !

Ton frère prend sans doute sa mission un peu trop au sérieux. Mais cela ne lui donne pas tous les droits ! Il n'a pas à te prendre pour son esclave : va me chercher ci, rapporte-moi ça. Tu as raison de te rebeller. Il ne faut pas te laisser rabaisser. Dans ce cas, tu n'as pas 36 solutions : réclame une explication avec tes parents. Dis-leur que tu aimes bien ton frère mais que tu trouves qu'il exagère.

L'avis de l'expert

Quand tu es arrivée dans la famille, ton frère s'est inquiété : est-ce que vos parents l'aimeraient moins ? Allais-tu prendre sa place dans leur cœur ?

Pas facile comme situation. Il lui a bien fallu trouver un avantage à ta naissance. Sa solution : être « le grand », en opposition à toi, « la petite ». Quand il te commande, c'est sa manière à lui de s'affirmer.

Sylvie Companyo, psychologue

@Constance, 13 ans

Quand ma mère n'est pas là, ma grande sœur croit qu'elle est responsable et devient autoritaire. Je ne me laisse pas faire et je pique ma crise !

@Naïma, 12 ans

Quand mon grand frère m'embête, je fais comme s'il n'existait pas. Mais ce n'est pas facile !

BON À SAVOIR

GRAND OU PETIT, TU PEUX LEUR DIRE MERCI !

Quand tu n'en peux plus, lis ce manuel antidéprime. Il t'aidera à prendre du recul et tes difficultés te sembleront moins pénibles.

Grâce au grand...

Tu disposes d'une mine d'informations

La 6e, c'est derrière lui. Les angoisses de la première colo aussi. Profite de son savoir, surtout qu'il adore le faire partager. Cela le rend important. Mets aussi à profit ses connaissances en matière d'amour, puberté, amitié, etc. En plus, si c'est un garçon, il n'a pas la même façon de voir les choses. Très, très utile...

Tu as un garde du corps

Qui prend ta défense quand on t'attaque à l'école ? Qui t'épaule face aux parents ? Le grand ! C'est plus fort que lui : il ne peut pas s'empêcher de veiller sur toi.

Avec les parents, c'est plus facile

Comme il est le premier, à lui la charge de toutes les négociations difficiles avec les parents : l'argent de poche, les sorties, l'heure du coucher... Sans le savoir, il te facilite la tâche. Après son passage, le chemin est tout tracé. Les parents sont moins stressés.

BON À SAVOIR

Grâce au petit…

Tu as quelqu'un avec qui jouer

Les petits sont toujours ravis de trouver un compagnon de jeux, surtout s'il est plus âgé. Cela leur donne l'impression d'être grands à leur tour !

Tu deviens quelqu'un d'important

Par rapport aux plus jeunes, tu disposes d'un atout majeur : tu en sais plus qu'eux. Tu constateras souvent qu'ils cherchent à t'égaler. Tu es leur modèle. Ils boivent tes paroles, réclament des conseils. Être ainsi valorisée, admirée, ça regonfle le moral !

Tu n'es plus le centre du monde pour tes parents

Et ça, c'est un avantage à ne pas négliger ! Tu n'es plus la seule à devoir répondre à leurs attentes. Et pendant qu'ils s'occupent du petit, ils ne sont pas derrière toi. Ouf ! Ça te fait des vacances.

Tu grandis plus vite

Comme le petit accapare l'attention de tes parents, toi, il faut souvent que tu te débrouilles toute seule. Et puis, il t'arrive parfois de devoir surveiller le bout de chou, ça te fait râler. Mais, mine de rien, grâce à cette « corvée », tu apprends à être responsable. Autant d'atouts qui te serviront dans ta vie d'adulte.

SOS JULIE

MES PARENTS PRÉFÈRENT MON FRÈRE OU MA SŒUR

Qu'est-ce qui te fait penser ça ? Tu trouves qu'on ne vous accorde pas la même attention ? Tu te sens délaissée ? C'est vrai, c'est dur d'avoir l'impression d'être rejetée. Mais es-tu sûre de ne pas exagérer la situation ? Tu ne retiens peut-être que tes punitions, et tu oublies un peu vite celles de ton frère ou de ta sœur...

Il est possible aussi que ton frère traverse une période difficile en ce moment. Alors, tes parents s'imaginent qu'il a plus besoin d'eux que toi. Essaie de leur parler. Réserve-toi des moments seule avec ton père et ta mère, autour d'une activité que vous aimez bien faire ensemble.

@Leslie, 11 ans

> Je ne pense pas que mes parents aient un « chouchou ». Ils font juste en fonction de nos qualités.

@Constance, 13 ans

> Mes parents ne font pas de différence entre mon frère, ma soeur et moi. Quelquefois, ils s'occupent plus de l'un ou de l'autre suivant les problèmes de chacun.

L'avis de l'expert

Tu penses que tes parents t'aiment moins ?

Tu te trompes ! Ils vous aiment simplement d'une manière différente, car vous n'avez pas la même histoire. Toi, tu es arrivée à un moment précis de leur vie. Ton frère à un autre. Ça change tout ! Vous avez chacun vos qualités, votre caractère. Ce sont vos différences qu'ils apprécient.

Parfois aussi, un parent a l'impression de se revoir à travers son enfant. C'est pour ça qu'il se sent peut-être plus proche de lui. Mais tout cela n'a rien à voir avec ce que tu es, toi. C'est dans la tête de ton père et de ta mère que ça se passe.

Ce qui est bien, c'est que tu changes. Dans quelque temps, c'est peut-être toi qui auras le plus d'atomes crochus avec l'un d'eux !

Sylvie Companyo, psychologue

C'EST TOUJOURS MOI QU'ON ACCUSE ! Y EN A MARRE !

Tu as raison : c'est vraiment injuste et blessant d'être accusé à tort. Se défendre, c'est important, surtout quand on est sûr de soi.
Maintenant, réfléchis. Pourquoi les soupçons se sont-ils portés sur toi ? Est-ce qu'on a écouté ta version des faits ? Tu sais, cela arrive parfois, quand une « étiquette » colle à la peau. Peut-être qu'une fois tu as menti. Alors maintenant, tes parents ont du mal à te croire. Peut-être aussi que, dans les disputes, c'est toi qu'on entend le plus. Du coup, on s'imagine que tu es à l'origine de la bagarre.
Tu sais, les cris, ça agace les parents. Ils réagissent aussitôt, sans forcément chercher plus loin. N'hésite pas à te faire entendre. Explique-toi calmement mais fermement.
Si tu t'emballes, tu feras mauvaise impression.
Ce n'est pas le but recherché.

L'avis de l'expert

Attention ! Ne tombe pas dans le piège.
Si cette situation se répète constamment, tu as sans doute ta part de responsabilité. Au moins, quand on te gronde, on s'intéresse à toi… Mais ce n'est pas très valorisant. Cesse de te voir comme « celle qui a toujours tout faux » !

Tu as sûrement de nombreuses qualités. Explore-les. Essaie d'identifier tes défauts et de les corriger. Tu as menti ? Regagne la confiance de tes parents. Tu t'emportes facilement ? Tente de te maîtriser… Tu verras qu'on fait attention à toi pour de bien meilleures raisons…

Sylvie Companyo, psychologue

@Sarah, 10 ans

Fais en sorte que tes parents aient plus confiance en toi.
Ce n'est pas normal que ce soit toi qu'on accuse.

@Suzy, 13 ans

Explique ton problème à tes parents. Donne-leur des exemples avec des preuves.

@Soraya, 13 ans

Si on t'accuse, c'est peut-être qu'il y a des raisons… Quand tu fais des bêtises, ne dis surtout pas « c'est pas moi ! » mais excuse-toi. Sinon, on ne te croira plus les autres jours.

LES ASTUCES DE JULIE

FRÈRES ET SŒURS : 7 ASTUCES POUR AVOIR LA PAIX

Quand la dispute n'est pas loin, des solutions existent. La preuve.

Protège tes arrières

Tu ne veux pas que ta petite sœur se serve dans tes affaires ? Installe pour elle une caisse de jouets dans ta chambre. Elle sera contente de s'amuser dans ton univers et laissera tes objets précieux tranquilles.

POURQUOI SE DISPUTE-T-ON ?

Pour plein de raisons, mais aussi parce qu'au fond… vous aimez bien ça ! Allez, avoue : asticoter ton frère ou ta sœur, parfois, ça t'amuse. Au moins, pendant ce temps-là, tu ne t'ennuies pas ! Surtout que tu sais parfaitement quoi faire ou dire pour qu'ils réagissent. En effet, tu disposes d'un atout de taille : tu les connais parfaitement, même mieux que tes parents. Au fil des années, tu as percé tous leurs petits secrets : mensonges, amitiés… rien ne t'a échappé !

Dirige ta colère

Les jours d'orage, ne cède pas à l'envie de te défouler sur « le monstre ». Récupère une photo et, à l'aide d'un stylo, arrange le portrait de papier de ton frère ou de ta sœur. Cornes, boutons purulents… fais-toi plaisir ! Soulagement garanti !

Exprime-toi !

Tu as l'insulte au bord des lèvres ? Évite les mots qui font mal. Lance-toi dans une bataille littéraire : qui inventera l'injure la plus ridicule ? Exemple : « Babouin en tongs ! Bachi-bouzouk ! » Il y a de fortes chances que la bagarre finisse en éclats de rire…

@Chloé, 8 ans

Quand mon grand frère m'insulte, je ne réagis pas. Ça l'énerve mais il finit par se lasser et me laisse tranquille.

@Cécile, 12 ans

On signe un contrat qui fixe les tâches. Et on le fait signer aussi aux parents. Pas moyen de contester !

LES ASTUCES DE JULIE

Écris tes griefs

Inscris tes reproches sur un papier. Tu y verras plus clair et cela te calmera.

Fais appel à un témoin

Impossible de vous mettre d'accord ? Demande à un témoin neutre d'être votre « médiateur ». Chacun votre tour, vous lui expliquez pourquoi vous vous disputez et ce que vous vous reprochez. Le témoin note.
Le but n'est pas de savoir qui a raison ou tort, mais de comprendre pourquoi vous en êtes arrivés là et d'essayer ensemble de trouver une solution.

@Clara, 11 ans

> Quand je sens que je vais exploser, je vais me calmer dans ma chambre.

@Oriane, 10 ans

> On décide chacun notre tour du film qu'on veut voir. Et si j'ai envie de voir autre chose, je l'enregistre pour plus tard.

Établis des règles de vie

Mettez-vous d'accord sur ce que chacun doit respecter dans la famille. Exemple : on n'entre pas dans une chambre en l'absence de son propriétaire. On ne prend pas un jouet sans avoir demandé.

Planifie les corvées

Établissez ensemble un emploi du temps des tâches ménagères. Ainsi, ce sera réglé une fois pour toutes. Tu peux aussi lancer des défis à tes frères et sœurs : « Cap de mettre la table en deux minutes ? »
C'est plus drôle.

IL Y A UNE VIE APRÈS L'ÉCOLE

Il n'y a pas que tes résultats scolaires dans la vie ! Tes passions, tes rêves, tes envies, c'est important aussi ! Alors si tu t'interroges sur le monde qui t'entoure, ne cherche plus, les réponses sont là !

BON À SAVOIR

LES ASTUCES DE JULIE

TESTS

SOS JULIE

QUELLES SONT TES PASSIONS ?

Une passion, c'est comme un moteur qui te pousse à aller de l'avant. Alors, qu'est-ce qui te fait vraiment vibrer ?

1 Tu es inscrite (ou pourrais t'inscrire) à...

- Un atelier de sculpture-poterie.
- Un groupe de défense des droits de l'enfant.
- Un club d'équitation.
- Un cours d'initiation à l'informatique.
- La bibliothèque de ton quartier.

(Tu peux entourer plusieurs réponses.)

(Entoure une seule réponse aux questions suivantes.)

2 Pour te sentir bien, tu as surtout besoin :

- D'obtenir des réponses claires aux questions que tu te poses.
- De te dépenser.
- De laisser s'exprimer ton imagination.
- D'être bien intégrée à ta bande de copines.
- D'être utile aux autres.

3 Cette année, tu t'es promis de...

- Donner tes vieilles affaires à des associations.
- Redécorer toi-même ta chambre.
- Noter tes pensées dans ton journal intime.
- Garder la forme en faisant de l'exercice.
- Réparer tous les jouets que tu as cassés !

5 Tu serais hyperfière de remporter :

- Le concours Lépine, réservé aux jeunes inventeurs.
- Une médaille d'or dans une compétition juniors.
- La médaille (en chocolat) de la meilleure copine.
- Une bourse pour financer ton projet « Nature propre ».
- Le 1er prix d'un concours de dessin.

4 Petite, quelle bêtise aurais-tu été capable de faire ?

- Découper des bonshommes dans les livres très sérieux de ton papa.
- Emprunter le rouge à lèvres de ta grande sœur pour te maquiller comme elle.
- Casser l'écran de la télé pour voir ce qui se cache derrière.
- Prendre ton matelas pour un trampoline et en casser tous les ressorts.
- Chiper le porte-monnaie de ta maman pour le donner à un mendiant.

6 Plus tard, tu aimerais devenir...

- Médecin.
- Styliste.
- Chorégraphe.
- Prof de maths.
- Écrivain.

Tu as plusieurs symboles à égalité (ou presque) ? Lis tous leurs portraits.

Max de ☆ : passion « création »

Peindre, coudre ou écrire, tu ne pourrais t'en priver. Imaginative et sensible, tu as l'étoffe d'une véritable artiste, et sûrement des doigts de fée.
Mais faire travailler tes mains (et ta tête) n'est pas qu'un moyen de te délasser : c'est aussi la meilleure façon d'exprimer ton originalité !

Max de ☆ : passion « sports »

Pas question de rester vissée sur ton canapé ! Pour être au top, ton corps te réclame sa dose d'exercice. La pratique du sport te permet de dépasser tes propres limites et, en plus, de rencontrer de nouvelles copines aussi dynamiques que toi. Te bouger en t'amusant, c'est le pied !

Max de ☆ : passion « générosité »

Vibrer en égoïste, tu ne connais pas. Lorsque tu t'enflammes, c'est toujours pour une grande cause. Et alors, ton enthousiasme est capable de soulever des montagnes.
S'il faut une bonne volonté pour protéger l'environnement ou aider les autres, tu réponds présente sans hésiter !

Max de ☆ : passion « technique »

Serais-tu la cousine de Géo Trouvetou, le génial inventeur ? Curieuse d'esprit, tu démonterais volontiers ton ordinateur, juste pour voir comment il marche. Reine de la bidouille, tu t'éclates plus en jouant avec des outils qu'avec des poupées. Les garçons n'ont qu'à bien se tenir !

Max de ☆ : passion « perso »

Famille, copines, sorties… C'est ton petit monde qui compte avant tout à tes yeux. Tes plus grands plaisirs ? Papoter des heures entre amies, classer tes photos ou tenir ton journal intime. Certains disent que tu es un peu égoïste ? Laisse-les parler, puisque tu es heureuse ainsi !

LES ASTUCES DE JULIE

RÉVEILLE L'ARTISTE QUI SOMMEILLE EN TOI !

Comment développer ta créativité en 7 leçons.

Aiguise tes sens

Fais comme les chasseurs de tendance : imprègne-toi du monde qui t'entoure. Observe les gens dans la rue, les affiches, respire l'odeur des trottoirs après la pluie, ferme les yeux et sens le soleil sur ta peau, goûte des fruits inconnus…

Suis ton instinct

Prends des risques ! Même quand tu fais une recette de cuisine, tu crées. Alors n'hésite pas à faire plein de tests. Si c'est raté, tant pis ! Les erreurs font progresser. L'important, ce n'est pas de faire « de belles choses », c'est de te faire du bien. Si tu cherches à atteindre la perfection, tu freines ta créativité.

Note toutes tes idées

Oui, même celles qui te paraissent complètement folles. Ne t'empêche pas de rêver : liste tout ce qui te passe par la tête, retiens ensuite les idées que tu préfères et tente de les réaliser.

Un conseil : garde un bloc-notes sur toi, car souvent les idées surviennent aux moments les plus inattendus (dans le bus, en cours de géo, en plein dîner familial…).

COMMENT ÇA MARCHE ?

Le monde n'est pas partagé en deux. D'un côté les artistes, de l'autre monsieur Tout-le-Monde. Chacun a du talent pour quelque chose. Mais la créativité, ça se travaille, comme les gammes en musique. C'est juste une façon de combiner ensemble des choses qui existent déjà en soi. Toute la journée, ton cerveau enregistre plein d'informations qui vont se ranger dans des cases. Ces cases, c'est ton réservoir à idées ! C'est là que tu viendras piocher en fonction des situations.

LES ASTUCES DE JULIE

Observe la nature

C'est une formidable source d'inspiration. Sais-tu par exemple qu'un mur blanc, ça n'existe pas ? Au soleil, il devient jaune, à l'ombre, il est plutôt gris-bleu. À toi d'ouvrir l'œil ! Quant aux nuages, ils créent des formes extraordinaires. Et si tu les faisais bouger dans ta tête ? Non seulement ça détend, mais en plus, cela prépare ton esprit à accueillir des idées neuves.

Joue avec les mots

C'est excellent pour développer son imagination et pour... le français ! L'exercice du « cadavre exquis » par exemple : tu écris le début d'une phrase sur une feuille et tu la plies de façon à ne faire apparaître que le dernier mot. Ta voisine enchaîne ensuite avec son mot et te la redonne... Histoire originale garantie !

À QUOI ÇA SERT ?

Avoir de l'imagination, dans la vie, c'est très pratique. Ça ne sert pas seulement à inventer un univers, à la manière d'un artiste. Cela aide aussi à se sortir des situations difficiles... car on a plus d'idées !

Sois curieuse

C'est la matière première de l'imagination. Sans elle, pas de créativité possible. Prends le temps d'écouter ce qui se passe en toi, sois attentive aux autres et à ce qui t'entoure. Quand tu cherches à exprimer ce que tu ressens, tu crées !

Laisse-toi porter par tes sensations

Mets de la musique et dessine en mettant des couleurs ou des mots sur ce que tu entends.

SOS JULIE

JE NE SAIS PAS QUELLE ACTIVITÉ CHOISIR. J'AI ENVIE DE TOUT !

Ta réaction est parfaitement normale ! Danse ou boxe française ? Théâtre ou djembé ? Avec toutes les possibilités qui s'offrent à toi, c'est difficile de faire un tri. Elles sont toutes si tentantes !

Le problème, c'est que tu ne peux pas tout commencer et arrêter au bout de deux ou trois séances. En même temps, comment savoir si une activité te plaît vraiment avant de l'avoir essayée ?

Pour t'aider, fais le point sur un papier. Qu'est-ce qui te tente dans chaque activité ? Parce qu'elle est à la mode ? Parce que des copines y vont ? Parce que tu aimerais être plus à l'aise dans ton corps ou moins timide ? Répondre à toutes ces questions noir sur blanc t'aidera à y voir plus clair.

Ensuite, essaie de discuter avec des copines qui pratiquent les activités qui t'intéressent. Comment se passent les cours ? Comment est le professeur ? Qu'est-ce qui leur plaît à elles ?
Mieux, assiste à un ou deux cours, en spectatrice. Tu pourras te faire une idée plus précise. Parfois, il existe même des cours d'essai gratuits. Profites-en !

@Julie, 8 ans et demi

Si tu as peur de te tromper, vas-y avec une copine. Vous vous motiverez l'une l'autre.

@Carole, 11 ans

Inscris-toi seulement sur un trimestre. Comme ça, si tu veux changer, tu peux. Mais accroche-toi un peu quand même !

JE VEUX ARRÊTER LE VIOLON (LA GYM, LE JUDO...)

Ben alors, qu'est-ce qui t'arrive ? Au début, tu étais pourtant très enthousiaste. Oui mais voilà, maintenant c'est la corvée ! Méfie-toi, ce n'est pas un simple « j'en ai assez » qui va convaincre tes parents. D'abord, es-tu sûre que tu ne baisses pas les bras un peu trop vite ? Prendre du plaisir dans une activité demande du temps et des efforts. On ne réussit pas le grand écart du premier coup ni à jouer son morceau préféré sans quelques notions de solfège. Il faut de l'entraînement et de la persévérance. Si tu abandonnes à chaque petite difficulté, tu risques de le regretter.

Ta décision est prise ? Alors, parles-en à tes parents. Fais-leur comprendre que tu as de bonnes raisons : le prof a changé, on est très exigeant avec toi et ça t'angoisse...
Prépare-toi à quelques concessions. Tes parents vont certainement te demander de finir le trimestre ou l'année scolaire. S'ils ont payé d'avance, ils n'ont sûrement pas envie que tu arrêtes en cours de route. C'est normal, quand on choisit une activité, on s'engage ! C'est comme un contrat passé avec un professeur, tes parents et surtout avec toi-même.

@Hanaé, 10 ans

Si tu en as marre, essaie de changer de professeur, de cours, ou d'y aller moins souvent.

@Zoé, 9 ans

Explique à tes parents qu'en arrêtant, tu auras plus de temps pour tes devoirs !

@Cécile, 13 ans

En début d'année, je ne savais pas quoi faire. Ma mère m'a convaincue de faire de la gym. Mais ça ne m'a pas plu. Je le lui ai dit et cette année, c'est moi qui ai choisi mon activité !

LES ASTUCES DE JULIE

4 TRUCS POUR UNE FÊTE RÉUSSIE

Le compte à rebours a commencé ! Voici comment t'y prendre étape par étape.

J-20 : convaincs tes parents

Parle-leur de ton projet un soir où ils sont détendus ou le week-end. Évite le mot « boum », tu vas leur faire peur ! Parle plutôt d'une fête d'anniversaire ou d'un goûter. Essaie aussi d'être conciliante : à ton âge, ils n'accepteront sans doute pas de te laisser seule à la maison. Et ils ont raison. Demande-leur juste d'être discrets.

Question horaires, si tu tiens vraiment à une « fête de grands », propose un créneau de 17 heures à 21 heures. Sinon, l'après-midi, de 14 heures à 18 heures, c'est très bien ! Enfin, côté jour, préfère plutôt le samedi au mercredi où il y a souvent des activités. Et surtout, garantis à tes parents que tu rangeras et nettoieras tout après ta fête et tiens ta promesse ! Ils sauront ainsi qu'ils peuvent te faire confiance. Pense aussi à prévenir les voisins.

@Claire, 9 ans et demi

> Achète des « biscuits-cigarettes » et écris des proverbes sur des bouts de papier. Roule-les et glisse-les dedans. Chacune de tes amies en piochera un et gardera le papier en souvenir.

J-15 : distribue les invitations

Tu sauras ainsi qui est disponible. Pour une boum, équilibre le nombre de garçons et de filles. Sinon, pour une fête moyenne, ne compte pas plus de 10 invités. Après tu ne profites pas vraiment de chacun. Si c'est une soirée pyjama, 5 ou 6 au maximum, c'est bien.

LES ASTUCES DE JULIE

☆ **QU'EST-CE QU'ON FAIT ?**

Pioche des idées dans des magazines ou des livres. Pour t'aider, tu peux donner un thème à l'évènement. Par exemple : soirée de star avec séance relookage, karaoké, jeu où il faut deviner le titre d'une chanson en entendant les premières notes… Ou fête pour aventuriers avec chasse au trésor dans le jardin, atelier de codes secrets…
Ou encore soirée mystère avec mot de passe à l'entrée pour accéder à la fête, etc.
Fais marcher ton imagination !

J-1 : prépare la musique

Pour éviter de rester coincée derrière la chaîne, enregistre tes musiques préférées sur un CD ou prépare une playlist sur ton MP3. Varie les styles et choisis des titres entraînants, surtout au début.

Jour J : opération organisation

Pour ne rien oublier, fais une liste et barre au fur et à mesure.
Si ta fête se déroule dans la salle à manger, protège les meubles fragiles avec des draps et enlève les objets précieux. Puis décore avec des ballons, guirlandes en papier… ou pourquoi pas en fonction d'un thème ? Exemple, pour une soirée star, punaise des étoiles en papier découpées sur les murs et remplace, avec l'aide d'un adulte, les ampoules par des versions colorées.
Côté victuailles, prévois plein de petites choses faciles à picorer (pizzas, quiches, tartes, bonbons…).
Chacun se servira à sa guise : c'est plus simple que d'être tous assis autour d'une table. Il ne manque plus que les invités !

@Julia, 12 ans

À chaque fête, je mets 2 ou 3 appareils photo jetables sur la table. Ça fait des souvenirs.

@Marie, 9 ans

Pour mon anniversaire, avec maman, on a organisé un loto avec des tas de gadgets à gagner. Mes copines étaient ravies !

QU'EST-CE QUI TE RÉVOLTE ?

Pour quelle cause te battrais-tu ? Laisse parler ton cœur...

Mode d'emploi : coche les 6 propositions qui te correspondent le mieux. Tu es révoltée par...

- L'esclavage des enfants qui doivent travailler au lieu d'aller à l'école.
- Ceux qui abandonnent leur chien avant de partir en vacances.
- La pollution de l'air : respirer des gaz toxiques, ça suffit !
- La corrida. Pour toi, c'est un « spectacle » barbare.
- Les gens qui jugent les autres sur la couleur de leur peau.
- Les inconscients qui jettent leurs déchets dans la nature.
- L'extinction de certaines espèces animales chassées par l'homme.
- Le fait que des milliers de personnes meurent de faim dans le monde.
- Le gaspillage. Il faut recycler au lieu de consommer toujours plus !
- La pauvreté : personne ne devrait vivre dans la misère.
- Les expériences sur les animaux : tester des produits de beauté sur des lapins est inadmissible !
- La disparition de la forêt amazonienne, le « poumon » de la Terre.

Max de ♡ : ton combat ? Les injustices

« Liberté, égalité, fraternité », la devise française est aussi la tienne. Écœurée par le racisme, la misère, l'intolérance, tu rêves que tous les hommes se donnent enfin la main. À toi de t'engager pour bâtir un monde meilleur !

Max de 👻 : ton combat ? La dégradation de l'environnement

Inquiète pour l'avenir de notre planète, tu es prête à retrousser tes manches afin de la protéger. Commence par agir à ton échelle, en sensibilisant les gens autour de toi. Ce n'est qu'un petit pas, mais qui peut mener loin...

Max de 😜 : ton combat ? La maltraitance des animaux

À poil, à plume ou à écaille, les bêtes ont trouvé en toi leur défenseur ! Indignée par ce que certaines doivent endurer, tu te verrais bien te ranger à leurs côtés et crier : « Tout être vivant mérite le respect ! »

Test de Julie Got

LES ASTUCES DE JULIE

5 GESTES POUR SAUVER LA PLANÈTE

La Terre est en danger, alors ne fais pas n'importe quoi !

Économise l'eau

Préfère les douches aux bains et ferme le robinet pendant que tu te savonnes ou quand tu te brosses les dents. Bilan : environ 178 litres d'eau économisés à chaque fois !

Ne prends pas la Terre pour une poubelle !

Sais-tu qu'un simple papier jeté dans la nature met 3 mois pour disparaître ? Alors, adopte le réflexe poubelle et fais passer le message autour de toi.

Donne une seconde vie à tes déchets

Confie au recyclage bouteilles plastique, vieux journaux et verre ou réutilise-les pour tes bricolages. Si tu as un jardin, tes déchets organiques (épluchures, herbe tondue, cendres de bois…) constitueront un formidable engrais naturel pour les plantations.

Évite le gaspillage

Éteins la lumière en sortant des pièces et ne laisse pas ta chaîne hi-fi ou ton ordinateur en veille.
Ils consomment de l'électricité pour rien. Place aussi ton bureau près de la fenêtre, tu profiteras plus longtemps de la lumière du jour. Et noircis tes feuilles de papier des deux côtés, la forêt te dira merci.

Limite ta pollution

Dès que tu peux, préfère les transports en commun, le vélo ou la marche à pied. Tu peux aussi organiser du covoiturage avec les parents des copines pour aller à l'école ou au cours de danse.

LES ASTUCES DE JULIE

FAIS BOUGER TES IDÉES

Bouge-toi pour les autres

☆ Donne tes vieux jouets : plutôt que de les jeter, s'ils sont en bon état, ils peuvent encore rendre un enfant heureux. À Noël, de nombreuses associations organisent des collectes.

☆ Accueille un enfant pour l'été : chaque année en France, 3 millions d'enfants ne partent pas en vacances. Avec ta famille, vous pouvez décider de recevoir l'un d'eux pour quelques jours.

☆ 3 « OUTILS » POUR T'AIDER

- **Le conseil municipal enfants :** grâce à lui, tu peux monter plein de projets dans ta ville. Tous les membres sont des jeunes de 9 à 18 ans, élus par leurs camarades. Renseigne-toi à la mairie pour savoir s'il en existe un chez toi. Et s'il n'y en a pas, fais-toi aider par l'Anacej (Association nationale des conseils d'enfants et de jeunes) pour en créer un.
- **L'école :** c'est fou tout ce qu'on peut y faire ! N'hésite pas à parler de tes idées au CPE ou à ton maître. Ils t'aideront sûrement.
- **Les juniors associations :** à partir de 12-13 ans seulement, tu pourras fonder ta propre association pour réaliser tes projets culturels, de solidarité… Renseigne-toi sur leur site Internet.

☆ Intègre la section « junior » d'une association humanitaire comme Tapori pour ATD Quart Monde, Copain du monde au Secours populaire, ou les clubs Unesco et Unicef. On te donnera plein de pistes d'actions.

☆ Parraine un enfant : tu verses tous les mois une somme d'argent à une association qui l'affecte à un enfant en particulier pour sa santé, son éducation... Attention, être marraine, c'est un engagement : compte environ 20 euros par mois. Et si c'était un projet de famille ? Vous recevrez régulièrement des nouvelles de votre filleul(e) et vous pourrez parfois même le (la) rencontrer.

Bouge-toi pour l'environnement

☆ Participe aux opérations de nettoyage de la nature. Renseigne-toi auprès de la mairie.

☆ Fonde ou rejoins un club Connaître et protéger la nature (CPN).

☆ Rejoins les associations de protection de la nature et des animaux. Certaines disposent de sections enfants comme le WWF (Fonds mondial pour la nature), la SPA (Société protectrice des animaux) ou la FNH (Fondation Nicolas Hulot pour la nature et l'homme).

☆ Et bien sûr, adopte les bons gestes pour préserver la nature.

Bouge-toi pour la citoyenneté

☆ Lance ton journal : toutes les infos sur la marche à suivre sur le site du CLEMI (Centre de liaison de l'enseignement et des moyens d'information) ainsi qu'auprès de la commission presse média jeunes du réseau national des juniors associations.

☆ Deviens médiatrice : pour faire reculer la violence dans ton école, suggère cette formation aux adultes de l'école.

☆ **CARNET D'ADRESSES**

Anacej : 01 56 35 05 35
www.anacej.asso.fr

Secours populaire : 01 44 78 21 00
www.copaindumonde.org

Médiatrice : infos auprès de Génération médiateurs, 01 56 24 16 78
www.gemediat.org

Club Unesco : 01 42 58 68 06

CPN : 03 24 22 54 55

WWF : 01 78 86 40 60, www.wwf.fr

SPA : La-spa.fr/clubs-jeunes

FNH : 01 41 22 10 70
www.fondation-nature-homme.org

CLEMI : www.clemi.org

Junior association : 01 84 25 19 98
www.juniorassociation.org

ATD Quart Monde : www.tapori.org

ES-TU CURIEUSE?

Es-tu ouverte sur le monde qui t'entoure ? Mesure ta curiosité !

A C'est l'heure du journal télévisé :

2 Tu le suis de bout en bout.
1 Tu écoutes juste les nouvelles qui t'intéressent.
0 Tu zappes sur une autre chaîne.

B La vie des autres enfants du monde…

0 T'indiffère.
2 Te passionne.
1 T'intrigue.

C Quand les adultes parlent politique…

1 Tu tentes de suivre leur conversation.
0 Tu t'ennuies ferme.
2 Tu les écoutes attentivement et leur poses des questions.

D À choisir, tu aimerais avoir pour correspondante…

2 Une Japonaise, qui te parlera de coutumes de son pays.
1 Une Anglaise, pour progresser en langue.
0 Une Française, à laquelle tu pourras rendre visite.

E Tu utilises Internet surtout pour…

1 Préparer tes exposés d'histoire.
0 Envoyer des mails à tes copines.
2 Suivre l'actualité : c'est une mine d'infos !

Additionne les chiffres des réponses que tu as cochées.

De 0 à 3 points : pas trop…

Le monde, son histoire, son actu te paraissent très loin de toi : tu as assez à faire avec ton quotidien et tes tracas ! Du coup, ton univers s'arrête presque aux portes de ta maison. Et si tu ouvrais les fenêtres pour voir ce qui se passe dehors ?

De 4 à 7 points : tout dépend…

Non, tu n'es pas vraiment fermée au monde qui t'entoure. Il y a simplement des sujets qui te touchent et d'autres qui te barbent. Les premiers, tu es prête à les creuser pour en apprendre davantage ; les seconds, tu les oublies. C'est ton choix !

De 8 à 10 points : énormément !

Comment vit-on ailleurs ? Quels événements ont marqué l'actualité ? Autant de questions qui aiguisent ton intérêt ! L'œil ouvert sur le monde, l'oreille à son écoute, tu as soif de savoir et de découvertes. Félicitations pour ta curiosité bien placée !

Test de Julie Got

BON À SAVOIR

VIVE L'ENNUI !

Tu tournes en rond ? Tu ne sais pas quoi faire ? Chouette ! Voici 4 raisons de ne rien faire.

Ça repose

Dans ton emploi du temps surchargé, un peu de répit, ça ne peut pas te faire de mal. De temps à autre, il faut laisser le corps et l'esprit tranquilles. Sinon, gare au stress !

Ça fait travailler l'imagination

Et non, tu ne perds pas ton temps quand tu ne fais rien ! Au contraire ! Si tu te laisses envahir par tes pensées, tu es très active ! Car l'ennui te pousse à inventer, à imaginer, à rêver. Et les idées neuves surgissent. Magique : quand on s'ennuie, on crée !

@Elsa, 11 ans et demi

> Pour lutter contre l'ennui, je me demande ce que ferait ma copine à ma place, je me raconte des histoires, je dessine, j'invente des choses ou bien je m'endors !

@Camille, 9 ans et demi

> Quand je m'ennuie, ça m'agace et je tourne en rond. Parfois, je pense à autre chose et ça me donne une idée !

@Jihane, 10 ans et demi

> Mon remède contre l'ennui ? M'allonger sur le lit en pensant à des choses auxquelles je n'ai pas le temps de penser dans la vie quotidienne.

Ça aide à mieux se connaître

Te retrouver seule en tête à tête avec toi-même, ça te pousse à réfléchir. Même si, au fond, tu n'as pas trop envie de te pencher sur tes soucis. Pourtant, c'est de cette manière que tu grandis et que tu construis ta personnalité : en t'interrogeant !

Ça permet de construire son « monde intérieur »

Cet endroit un peu spécial, ce sera ton refuge pour plus tard. Ton univers imaginaire où tu viendras te ressourcer et t'évader de l'extérieur.

BON À SAVOIR

PORTRAIT D'UNE BONNE SURFEUSE

Pour surfer en toute sécurité, suis le guide !

Maligne

Brouille les pistes ! Choisis un pseudo qui ne permette pas de t'identifier. LéaD pour Léa Durant, c'est trop facile ! Idem pour ton mot de passe. Les plus efficaces mêlent lettres et chiffres. Invente ta propre combinaison.

Méfiante

Ne te rends jamais à un rendez-vous donné par Internet. N'importe qui peut se cacher derrière un pseudo, une fan de la dernière série télévisée à la mode, comme toi, ou… un vieux barbu ! De même, les amis d'amis ne sont pas forcément tes amis ! Refuse les inconnus. Au fait, Facebook, Instagram et autre Snapchat sont interdits aux moins de 13 ans. Tu le savais ?

Critique

C'est vrai, une foule d'informations circulent sur le Net. Mais rien ne prouve qu'elles soient vraies. De même, méfie-toi avant de liker ou de relayer une photo, une vidéo drôle ou une information. Parfois, certaines personnes racontent n'importe quoi ou font des montages… juste pour faire parler d'elles ! Il faut toujours comparer ce que tu lis avec d'autres sources (livres, documentaires télé…).

Prudente

Ne donne jamais d'informations personnelles comme ton adresse, ton téléphone, où tu vas à l'école, etc. Consulte toujours tes parents si un jeu te demande de remplir un questionnaire très détaillé pour gagner une journée avec ta star préférée ! Cela t'évitera d'avoir ta boîte aux lettres encombrée de pubs.

BON À SAVOIR

Responsable

S'il t'arrive de tomber sur des propos ou des images choquantes (personnes nues, racisme…), parles-en aussitôt à tes parents. Même chose si tu reçois des mails d'insultes.

Respectueuse

Blogs, forums ou tchats, c'est la même règle : tu es responsable de ce que tu écris. Surveille ton vocabulaire : pas de gros mots, pas d'idées racistes, pas d'insultes et pas de mensonges sur autrui. Même chose avec les photos : on ne se sert pas sur la Toile comme dans un supermarché ! Avant de publier quelque chose, demande l'autorisation de l'auteur. Oui, même s'il s'agit de ta cousine ! Ou crée tes propres images.

Vigilante

Trop chouette de partager les photos de la soirée chez Julie sur ton blog ! Le hic, c'est qu'une fois sur le net, on ne sait pas ce qu'elles deviennent. As-tu vraiment envie que tout le monde te découvre en petite tenue ? Réfléchis bien avant de donner ton autorisation ou de poster une photo.

Raisonnable

Avant de te connecter, demande-toi ce que tu vas faire. C'est tellement facile de laisser filer les heures en cliquant de droite à gauche sans but précis… Si tu tchates avec une copine, branche le réveil. Au dring, c'est fini !

Honnête

Pirater, c'est voler ! Films et musiques sont protégés par les droits d'auteur. En clair, interdit de les copier sans autorisation. Tu risques la suspension de ta connexion, une lourde amende ou, dans les cas les plus graves… la prison ! Ce que tu peux faire ? Les télécharger sur des sites payants, créer ta playlist sur une webradio ou repérer les œuvres « creative commons » : celles-là sont libres de droits.

☆ POUR EN SAVOIR PLUS :

- **les vidéos de Vinz et Lou sur** www.internetsanscrainte.fr (section junior)
- **netcity.org :** une plateforme de jeux gratuits pour t'apprendre à te protéger des dangers d'Internet et surfer en toute sécurité.

QUELLE DINGUE D'ÉCRAN ES-TU ?

À quel point les écrans ont-ils envahi ta vie ? Passe le test pour le savoir !

1 Traduis : « Cc. Super le film au ciné ! J'étais expdr. Kiss. Jtdr » :

- **B** Coucou. Super le film au ciné ! J'étais explosée de rire. Bisous. Je t'adore.
- **A** Salut. Super le film au ciné ! C'était vraiment extra. Bisous. À demain.
- **C** Salut. Super le film au ciné. J'étais morte de rire. Bisous. Je t'appelle tout à l'heure.

2 Plein soleil dehors. Zoé te propose d'aller à la piscine :

- **C** Ok mais on rentre pour 16 h, y'a *Trop chouette la vie* à la télé.
- **A** Une minute, j'attrappe mon maillot de bain !
- **B** Désolée, je peux pas, je suis en plein tchat avec Romain !

3 Ton « menu » quotidien :

- **A** Un épisode de *Scènes de ménages* et… c'est tout !
- **B** Ta série préférée, une heure d'Internet et une partie de console.
- **C** Quelques échanges sur Snapchat avec Mila, ta meilleure amie et un peu de télé.

4 Quand ta série préférée est terminée…

- **C** Tu enchaînes avec un deuxième épisode.
- **B** Tu zappes.
- **A** Tu éteins.

5 À ce jeu, tu gagnes à tous les coups !

- **A** Les *1 000 Bornes*.
- **C** *Just Dance* sur Wii.
- **B** *OhMyDollz*.

Un max de C : touchée !

Tu connais très bien les avantages d'Internet ou de la télé… et leurs inconvénients ! Ok pour une recherche pour ton exposé ou un épisode de ta série préférée mais après, tu passes à autre chose. Tu as tout compris !

Un max de B : dingue, dingue, dingue.

Aïe, devant l'écran, tu te laisses facilement piéger. Collée à ton ordinateur chéri ou à ta télé d'amour, tu oublies tout… y compris qu'il y a une vie dehors ! Varie les plaisirs (sport, balades, lecture…), c'est le meilleur moyen de ne pas devenir dépendante des écrans.

Un max de A : même pas mal !

Télé, console ou ordinateur, tu vis très bien sans… au risque parfois de te sentir un peu décalée par rapport aux copines. Les écrans te feraient-ils peur ? À condition de les utiliser sans en abuser, on y découvre des choses très intéressantes. Et si tu essayais de temps en temps ?

Test de Séverine Clochard

MES PARENTS M'INTERDISENT D'ALLER SUR FACEBOOK

Si tu as moins de 13 ans, ils ont raison ! Savais-tu que ce réseau social, comme beaucoup d'autres (Instagram, Twitter, Snapchat…), est réservé aux plus de 13 ans ? Lorsqu'on s'inscrit, Facebook demande beaucoup d'informations… qu'il revend ensuite à des marques ! Sur ce site, on dit aussi souvent beaucoup de choses sur soi : on parle de ses goûts, on publie ses photos, parfois, on accepte comme « amis » des gens que l'on n'a jamais vus en vrai. Un peu comme si tu faisais lire ton journal intime à tout le monde ! Le problème, c'est qu'une fois publié, ça ne t'appartient plus. Quelqu'un peut très bien reprendre ta photo et la faire circuler pendant des années. Pas sûr que tu sois toujours fan de *Violetta* dans 5 ans ! Autre point : Facebook est surtout fréquenté par des adultes. Tes parents craignent sûrement que tu fasses de mauvaises rencontres ou qu'une personne malintentionnée utilisent tes informations. Une fois que tu auras bien mesuré les pièges de Facebook, rediscutes-en avec tes parents. Demande-leur de t'aider à protéger ta page : ils verront que tu ne fais pas n'importe quoi. Et au moindre problème,tourne-toi vers eux !

L'avis de l'expert

Pas question d'aller sur Facebook sans renseigner les paramètres de confidentialité. Ces barrières permettent de déterminer qui voit quelles informations. Et surtout, il faut y revenir souvent car Facebook évolue tout le temps. Mais le meilleur moyen de se protéger, c'est de réserver son espace à ses « vrais » amis (les gens que tu connais) et surtout de bien réfléchir avant de poster quoi que ce soit. Toi en maillot de bain ? Mauvaise idée ! De plus, sur Facebook, c'est comme si tu étais la rédactrice en chef d'un magazine : si quelqu'un met des insultes ou des commentaires racistes sur ta page, tu es responsable !

Dominique Delorme, responsable Net Ecoute

BON À SAVOIR

ÉCRANS, NE TE LAISSE PAS PIÉGER !

Profiter de la télé, d'une tablette, de l'ordinateur ou d'un smartphone, c'est très bien. À condition de savoir les utiliser et de ne pas trop en abuser…

Aujourd'hui, les 7-12 ans passeraient plus de 21 heures 30 par semaine sur les écrans*. Et, année après année, ces chiffres n'arrêtent pas de monter. Tablettes, ordinateur, télé et autres smartphones font d'ailleurs partie de tes activités préférées. Pourquoi un tel succès ? Facile : ça détend, ça occupe, ça permet de rester en contact avec les copains, ça apprend des choses, etc. Le problème, c'est qu'à forte dose et avec un mauvais usage, les écrans peuvent être très très nocifs.
Les spécialistes recommandent ainsi un maximum de 10 à 14 heures de temps d'écran par semaine. Aïe, aïe, aïe, tu en es loin !

Les dangers

Ce que tu risques ? Déjà de rester scotchée derrière ton écran des heures entières sans t'en rendre compte. Car tout est fait pour t'empêcher de décrocher !
Les publicités qui te sollicitent sans cesse, les mécanismes de jeu qui t'incitent à rester derrière ton écran…

* Junior Connect, 2018

Quant à la télé, elle a un pouvoir hypnotique. Malin, le scintillement de l'écran, invisible à l'œil nu, plonge le télespectateur dans un état de demi-sommeil. Ton père peut toujours t'appeler pour dîner !

Ensuite, si les écrans peuvent te rendre créative ou te faire te sentir moins seule, ils peuvent aussi te piéger. Sur Internet ou les réseaux sociaux, on te piste à la trace. Si tu ne fais pas attention, on peut connaître tes goûts, la ville où tu habites, où tu vas en vacances et tout un tas d'autres informations ! Face aux écrans, tu réfléchis de moins en moins, tu te contentes de « liker » sans comprendre ou argumenter. Et c'est très facile de te manipuler. Surtout, le monde que tu vois n'est pas toujours le reflet de la réalité. Les réseaux sociaux, par exemple, sont des endroits où l'on essaie de se faire remarquer… souvent en trichant. On truque les images avec des filtres pour les rendre plus belles, on sourit tout le temps, etc.
Si tu manques un peu de confiance

en toi, voir tous ces gens beaux et toujours heureux, c'est un peu déprimant, non ? En t'incitant à te dévoiler, les réseaux sociaux t'exposent aussi aux commentaires, pas toujours très sympas...

Enfin, ta santé, elle aussi, peut être affectée : troubles du sommeil, irritation, tendance au grignotage... À l'extrême, s'ils deviennent tes seuls et uniques loisirs, les écrans peuvent même t'isoler du monde extérieur et altérer le développement de ton cerveau. Brrr... ça fait réfléchir, non ?

Réagis !

Conclusion : ne jette pas tes appareils à la poubelle ! Interroge-toi plutôt sur ta manière de les consommer : pourquoi tu les utilises ? Dansquelles conditions ? Qu'est-ce que cela t'apporte ? À toi d'utiliser ces fascinants outils de manière intelligente !

BON À SAVOIR

5 PISTES POUR DÉCROCHER

1. Es-tu accro ?

Mesure ton degré de dépendance. Essaie de te passer d'écran pendant une semaine. Note ce que tu as fait à la place, si tu as craqué, si cela a été dur ou pas, etc.

2. Fais le tri

Établis avec tes parents un emploi du temps « écran » au milieu de tes autres loisirs en te fixant un temps limite par jour.

3. Apprends à éteindre

Le programme que tu avais décidé de regarder est fini ? Tu viens de terminer un niveau de ton jeu préféré ? Résiste à l'appel du « encore un » : éteins. Un indice : si tu commences à t'énerver devant ton écran au lieu de t'amuser, c'est le signal qu'il est temps de passer à autre chose ! Pour t'aider, donne-toi un but précis avant de te mettre devant ton écran. Tu peux aussi placer un réveil devant toi pour te rappeler l'heure et faire un peu d'écran quand tu sais que ton temps sera limité par une autre activité (par exemple, ton cours de karaté ou le repas du soir).

4. Pas d'écrans dans la chambre

C'est comme si tu avais un bocal de bonbons sous le nez. Comment résister ?

5. Discute de ce que tu fais sur les écrans

Joue en famille, regardez un film ensemble, échangez vos points de vue... Intéresse-toi à l'envers du décor : comment on fabrique une émission, d'où vient cette vidéo trop drôle... ?

LES ASTUCES DE JULIE

JOURNAL INTIME, MODE D'EMPLOI

À quoi ça sert ?

À se confier, bien sûr ! C'est très difficile, même pour un adulte, de parler en toute franchise à quelqu'un, d'exprimer ses sentiments, ses émotions. Alors un journal, c'est le confident idéal ! Face à lui, ta peur d'être ridicule ou mal comprise s'envole. Et puis, lui, il ne te jugera pas. Mieux, il soulagera ta colère : ça défoule de noircir des pages ! Il pourra aussi t'aider à y voir plus clair. Les soucis écrits noir sur blanc semblent tout à coup plus légers.

Qu'est-ce qu'on y écrit ?

Ce qu'on veut ! Ses pensées, ses sentiments, ses rêves, ce qu'on a fait dans la journée, ses joies, ses peines..., il n'y a pas de règles. Tu peux même y noter des blagues, des poèmes ou coller des souvenirs (photo, ticket de cinéma...).

Où le cacher ?

Parmi d'autres livres. L'été, dans un pull bien plié dans ton armoire. L'hiver, dans un drap de plage ou un tee-shirt. Au-dessus de ton armoire. Sous le lit.

Faut-il écrire tous les jours ?

Peu importe ! Tous les lundis en rentrant de l'école, plusieurs fois par jour puis plus rien pendant deux mois..., l'essentiel, c'est de ne pas se forcer. Tu verras : le besoin d'écrire vient de lui-même.

LES ASTUCES DE JULIE

☆ Quand je relis des choses de mon journal, je vois comment j'ai évolué, comment j'ai changé petit à petit. C'est super !

Marion, 12 ans et demi

☆ Dans mon journal, j'écris des secrets que personne n'imagine ! Et quand j'ai envie de dire quelque chose à quelqu'un mais que je ne peux pas, je me confie à lui. C'est comme un « défouloir ». Ma clé ? Elle est collée derrière un poster.

Suzanne, 13 ans

☆ Quand tu ne te sens pas bien, tu peux l'écrire dans ton journal et tu te sentiras mieux. Et quand tu passes une bonne journée, tu pourras la revivre en le relisant !

Tiffany, 11 ans

☆ Je tiens un journal depuis l'âge de 10 ans ! J'écris dedans tous les soirs quand je suis dans mon lit, mes joies, mes peines et parfois je rajoute des petits dessins, des photos ou des autocollants.

Lou, 12 ans

☆ Dans mon journal, j'écris ma vie de tous les jours, mais aussi mes secrets, mes dessins, mes idées... Souvent, nos secrets sont lourds à porter, on a besoin de « parler » à quelqu'un d'autre que sa meilleure amie.

Carole, 13 ans

☆ **LE SAIS-TU ?**

Au XVIIIe siècle, le journal intime était obligatoire ! On forçait les jeunes filles à écrire chaque jour le résumé de leur journée pour faire travailler leur mémoire et leur écriture... et surtout pour surveiller leurs pensées !

☆ On se confie facilement à son journal. On n'a pas peur d'écrire des choses. À un ami, c'est plus difficile de dire ce qu'on ressent, ce qu'on pense.

Kenza, 12 ans

☆ C'est important d'avoir un journal car en écrivant ce qui nous tracasse, on a l'impression que ça devient plus léger. La clé est autour de mon cou, comme ça je suis tranquille !

Soraya, 11 ans

☆ Mon journal me sert à évacuer mes émotions. Mais ce n'est quand même pas aussi bien qu'un ami : ça ne répond pas quand on lui parle !

Lola, 10 ans et demi

SOS JULIE

JE VEUX ÊTRE UNE STAR !

C'est normal, ça paraît si facile avec ces émissions de télé-réalité, les blogs et les vidéos sur Youtube ! Mais être une star, pour toi, c'est quoi au juste ? Être admirée et riche, pouvoir voyager… ? As-tu bien réfléchi ? Peut-être t'es tu laissé séduire par le côté « paillettes »… ? Attention, ne devient pas star qui veut. Il y a beaucoup de candidats… et peu d'élus. Parfois, même le talent ne suffit pas. Les sacrifices sont lourds.
Bien souvent, on te dicte ta conduite, ta manière de t'habiller, de parler. Quant aux fans, ils peuvent devenir très envahissants… Et il y a toujours le risque de les décevoir.

C'est dur de supporter une telle pression. Il faut être très solide dans sa tête, surtout que la célébrité est éphémère. Du jour au lendemain, tu peux retomber dans l'oubli.
Tu es consciente de tous ces inconvénients et pourtant, tu persistes ? Alors, si tu souhaites vraiment devenir chanteuse, actrice ou autre, mets toutes les chances de ton côté : prends des cours, compose tes chansons… Mais surtout, ne cherche pas la célébrité à tout prix. Essaie simplement de te faire plaisir. Cela t'apportera beaucoup plus.

@Soraya, 13 ans

Star, ce n'est pas un métier. Il faut déjà avoir une passion : le chant, la danse, le théâtre… Et aussi du talent. Inscris-toi dans une agence de casting. Si tu veux vraiment faire ça, bats-toi et tente ta chance !

@Amélie, 9 ans

Moi aussi, je voulais devenir star. On en rêve toutes parce que ça a l'air d'être une vie géniale. Mais je me suis rendu compte qu'elle n'est pas toujours facile !

COMMENT TE VOIS-TU DANS 20 ANS ?

Lorsque tu t'imagines adulte, tu te vois sûrement heureuse ! Mais que signifie pour toi « réussir ta vie » ?

Mode d'emploi : coche les 6 propositions qui correspondent le plus à ce que tu souhaites.

Dans 20 ans...

- Tu passeras des week-ends tranquilles chez tes parents.
- Tes excellentes études t'assureront une brillante carrière.
- Tu voyageras dans des pays fabuleux.
- Tu auras un enfant... voire deux ou trois.
- Tu t'imagines plus jolie, plus drôle, plus cultivée que maintenant. Aucun doute, vieillir a du bon !
- Tu exerceras un métier passionnant, qui te donnera envie de te lever le matin.
- Tu arrêteras peut-être de travailler pour t'occuper de ta petite famille.
- Tu auras réalisé tes rêves les plus fous.
- Tu gagneras beaucoup d'argent. Ainsi, tu pourras t'offrir tout ce qui te plaît !
- Tu seras mariée avec ton prince charmant.
- Tu connaîtras encore toutes tes copines... et vous ferez la fête ensemble !
- Dans ton boulot, tu seras la meilleure.

Max de :
réussir ta vie de famille

Être célibataire à 30 ans signifie à ton avis avoir loupé quelque chose ! Ton idéal à toi ? Avoir un mari qui t'aime, un (des) enfant(s) à élever et tes proches qui t'entourent de leur affection. C'est tout le bonheur que l'on te souhaite...

Max de :
réussir ta vie professionnelle

Puisque être adulte signifie travailler, tu souhaites exercer un métier palpitant (et si possible bien rémunéré !). Ambitieuse, tu es prête à faire des sacrifices pour t'assurer une belle carrière... et pourquoi pas devenir célèbre ?

Max de :
réussir ta vie personnelle

Avoir un fiancé, un travail et de l'argent, tu n'es évidemment pas contre. Mais ce ne sont pas tes priorités ! L'essentiel est de réaliser ce qui te tient à cœur et, surtout, de te sentir en harmonie avec toi-même et ceux que tu aimes...

Test de Julie Got

BON À SAVOIR

PRENDS LE TEMPS DE GRANDIR !

Tu rêves d'être plus âgée ? Normal. Mais attention, ne brûle pas les étapes…

Tu as le droit d'être insouciante

Finie l'époque où les enfants n'avaient pas le droit à la parole à table ! Aujourd'hui, on discute avec toi, on sollicite ton avis, bref, on te prend au sérieux. Et comme « tu es grande » maintenant, que tu peux presque tout comprendre, voilà que tes parents se mettent à te parler de tout : de leurs problèmes d'argent, du travail, de leurs inquiétudes… Comme eux, tu te mets à angoisser. Tu voudrais tellement les aider… Stop !

Ce n'est pas parce que tu es mieux informée que les jeunes d'autrefois que tu es plus mûre ! Grandir, ça prend du temps.
Tu n'es pas obligée de tout entendre. Bien sûr, il ne s'agit pas de t'enfermer dans une bulle et de te cacher que ton père est au chômage, par exemple. Mais ce n'est pas à toi de trouver des solutions. Ce sont des problèmes d'adultes. Qu'on te laisse le droit de ne pas penser au lendemain !

La bonne idée : quand tes parents abordent des problèmes trop personnels et qu'ils sollicitent ton avis, tu as le droit de leur dire que tu ne veux pas qu'ils t'en parlent, que ça te met mal à l'aise.

Tu as le droit de ne pas choisir

En colonie ou chez tes grands-parents ? Vivre chez ton père ou ta mère ? Faire de l'anglais ou de l'allemand ? Pas toujours facile de trancher ! Faire un choix, c'est difficile. Cela implique de savoir renoncer et d'assumer ce qu'on décide. C'est aussi prendre le risque de se tromper.
Et, à ton âge, c'est dur de se dire qu'on est responsable d'un « mauvais » choix. Alors, qu'on te demande ton avis, d'accord, mais toujours décider, non !

BON À SAVOIR

La bonne idée : avouer carrément que tu as trop peur de regretter et que tu veux bien donner ton avis mais pas plus.

Tu as le droit de jouer

Les poupées ? C'est « bébé » ! Toi, tu préfères t'amuser à être une star devant la glace ou à te maquiller. Très bien mais attention : si tu es trop centrée sur ton image, tu vas finir par oublier qui tu es vraiment. Ce serait dommage. Ne te laisse pas manipuler par les marques et la publicité, qui s'adressent à toi comme si tu étais déjà une adolescente. Ils profitent de ton envie de paraître plus grande et te proposent tout l'attirail : talons, minijupe et nombril à l'air. Tant que cela reste un jeu, il n'y a pas de mal à jouer les grandes ainsi. Mais si, pour toi, ce genre de tenue devient celle de tous les jours, méfie-toi. Elle ne va pas te donner 3 ans de plus d'un coup de baguette magique ! Dans ta tête, tu n'es pas encore une adolescente. Et tu ne te rends pas compte qu'on t'a fait adopter des vêtements d'adulte avec un fort pouvoir de séduction, et qui risquent d'attirer les regards... C'est vraiment ce que tu cherches ?

La bonne idée : à ton âge, c'est le moment d'explorer ta personnalité. Multiplie les activités, sois curieuse. Et si tu tiens à porter les mêmes vêtements que tes stars, évite la panoplie complète.

POUR QUEL(S) MÉTIER(S) ES-TU FAITE ?

À quels métiers collent ton caractère et tes qualités ? Découvre-le grâce à ce test !

Mode d'emploi : entoure de 0 à 3 étoiles par proposition, sans te préoccuper des symboles. Plus tu entoures d'étoiles, plus la proposition te correspond.

♡ Inutile que tes parents surveillent tes devoirs. Tu sais t'organiser seule, merci ! ☆☆☆

♡ Tu as plein d'idées pour organiser des fêtes à la maison. ☆☆☆

♡ Tu prends toujours la défense des plus faibles. ☆☆☆

♡ Une amie n'est pas d'accord avec toi ? Tu trouves de bons arguments pour la convaincre. ☆☆☆

♡ Tu te ressources au contact de la nature. ☆☆☆

♡ Soutenir tes copines ou leur rendre service, tu n'arrêtes pas ! ☆☆☆

♡ Faire trois choses en même temps, trop facile ! ☆☆☆

♡ Tu essaies d'intéresser tes copines à tes passions. ☆☆☆

♡ Tu détestes recevoir des ordres. Si quelqu'un commande, c'est toi ! ☆☆☆

♡ Tu décompresses en partant te balader. ☆☆☆

♡ Les personnes qui ne pensent qu'à elles te collent des boutons. ☆☆☆

♡ T'exprimer en public, aucun souci : tu adores quand on t'écoute ! ☆☆☆

♡ Tu prépares tes exposés en solo plutôt qu'en groupe. ☆☆☆

♡ Tu personnalises tes cahiers pour que personne n'ait les mêmes. ☆☆☆

♡ Pour toi qui as la bougeotte, rester assise ou enfermée est une épreuve. ☆☆☆

♡ Tu comptes sur toi avant de compter sur les autres. ☆☆☆

♡ Tu rêverais d'être une superhéroïne pour sauver le monde. ☆☆☆

♡ Tu adores rencontrer de nouvelles têtes et te faire de nouvelles copines. ☆☆☆

♡ Le train-train du quotidien te pèse. ☆☆☆

♡ Tu es superforte en arts plastiques, car là, tu peux t'exprimer ! ☆☆☆

Additionne symbole par symbole tes étoiles entourées.

	♡	♡	♡	♡	♡
☆	7	6	11	3	7

Tu as plusieurs symboles à égalité (ou presque) ? Lis tous leurs portraits.

Max d'étoiles entourées en ♡ : des métiers qui préservent ta liberté

Le travail en équipe n'est pas ton fort… sauf si c'est toi qui le diriges ! Assez autoritaire et solitaire, tu supportes mal de dépendre des autres. Du coup, tu prends tes responsabilités dans ton coin. Et tant pis si tu te retrouves un peu à l'écart : ton caractère de battante, tu l'assumes !

Futur métier : chef d'entreprise, directrice de boutique, chercheur, reporter indépendant…

Max d'étoiles entourées en ♡ : des métiers d'extérieur

Si tu travaillais dans un bureau, au milieu de tonnes de dossiers, tu déprimerais. C'est en libérant ton énergie que tu te sens à l'aise dans tes baskets ! Être au contact de la nature et, surtout, faire chaque jour des activités différentes, voilà tes ingrédients persos pour t'épanouir…

Futur métier : guide touristique, garde forestier, vulcanologue, paysagiste, lad (responsable de l'entretien des chevaux de course), agricultrice…

Max d'étoiles entourées en ♡ : des métiers de contact

Très sociable (et bavarde), tu arrives à sympathiser avec de parfaites inconnues en 2 minutes chrono. Championne pour mettre les autres à l'aise, tu sais aussi leur faire partager ce que tu aimes. Mais attention : quand tu as l'impression de ne pas être écoutée, tu peux t'énerver !

Futur métier : journaliste, vendeuse, pharmacienne, enseignante…

Max d'étoiles entourées en ♡ : des métiers tournés vers les autres

Aucun doute, tu es une fille sur laquelle on peut compter. Généreuse et désintéressée, tu es toujours disposée à aider les autres, voire à te sacrifier pour leur bien-être. Et en échange, tu ne demandes pas grand-chose : le sentiment de leur avoir été utile est ta plus belle récompense !

Futur métier : médecin, infirmière, assistante sociale, avocate, membre d'une organisation humanitaire…

Max d'étoiles entourées en ♡ : des métiers créatifs

Dix idées à la minute, c'est ta moyenne ! Et même si les autres te demandent de ralentir le rythme, ne bride pas ton imagination. Essaie juste de la canaliser afin de ne pas trop t'éparpiller. Car pour une fille aussi inventive que toi, le plus dur est de terminer ce que tu as commencé !

Futur métier : photographe, comédienne, styliste, publicitaire, ou métiers de l'artisanat : cuisinière, pâtissière, ébéniste…

Test de Julie Got

BON À SAVOIR

3 PISTES POUR CHOISIR UN MÉTIER

Tu as bien le temps d'y penser ! Mais si tu es pressée, voici quelques pistes...

Détermine tes goûts

Mieux tu sauras ce que tu aimes (t'occuper d'enfants, découvrir le monde, étudier les civilisations disparues...), plus facilement tu trouveras un métier qui te corresponde vraiment. Documente-toi dans les centres d'information et d'orientation (CIO), à la bibliothèque ou au CDI du collège.

Résiste aux stéréotypes

Tu rêves d'être mécanicienne ou pilote ? On va certainement chercher à te décourager, parce que, dans ces métiers-là, les femmes sont rares. Ne te laisse pas faire !
Si c'est vraiment ce qui te plaît, fonce. Les métiers réservés aux filles ou aux garçons, c'est dépassé !
En revanche, c'est vrai qu'il faudra sûrement te battre un peu plus que les autres pour te faire accepter.

☆ JE CHANGE D'AVIS TOUT LE TEMPS !

C'est normal ! Tu ne te connais pas encore très bien, alors tes goûts changent. À 8 ans, on sait rarement ce qu'on fera plus tard ! Ce n'est qu'en 3e qu'il faut choisir son orientation. Pour le moment, prends le temps de vivre !

Autorise-toi à rêver

C'est sûr, avoir de bons résultats scolaires, ça aide : toutes les pistes s'ouvrent à toi ! Mais si ce n'est pas le cas, ne te freine pas pour autant. Qui sait : ta motivation pour devenir vétérinaire te fera peut-être accomplir des prouesses ! Si tu es indécise, tu peux déjà repérer « tes matières fortes » et chercher un métier qui demande un bon niveau dans ces domaines : il te sera plus facile d'accès ! À condition qu'il te plaise, bien sûr...

REMERCIEMENTS

Caroline GARDES, conseillère d'orientation psychologue
Michel LAGORCE, professeur d'anglais
Chantal HABERT, professeur des écoles
Jean-Philippe RAYNAUD, chef du service psychiatrie de l'enfant et de l'adolescent des hôpitaux de Toulouse
Sylvie COMPANYO, psychologue, École des parents de Toulouse
Pierre SIMON, conseiller d'orientation psychologue
Michèle PELOU, psychiatre
Marie SIMON, médiatrice familiale spécialisée sur la question des enfants dans les transitions familiales, doctorante en psychologie
Annick BOUVY LAZORTHES, gynécologue
Linda FAUCON, directrice de la Ligue contre le cancer de la Haute-Garonne
Catherine SCHOR, psychologue clinicienne, Enfance et Partage
Béatrice JOURET, pédiatre, CHU de Toulouse, service endocrinologie
Brigitte COUDRAY, diététicienne
Michel BARBER, professeur des écoles
Dominique GAFFIE LEMAIGNAN, psychologue clinicienne, psychanalyste
Urbain CALVET, spécialiste du sommeil des enfants
Bérangère PORRET, gynécologue
Babette DIAZ, Génération médiateurs
Gérard LORETTE, dermatologue
Et bien sûr toutes les « Julies » qui ont accepté d'apporter leur témoignage.
Merci les filles, vous êtes formidables !
Un merci tout spécial à Olivier qui a réussi à me supporter durant ces longs mois d'écriture, sans jamais faillir. Son soutien aura été précieux.
Anne Lamy pour ses bons conseils, Brigitte Carrère, Marie de Latude, Stéphanie Saunier, Ingrid Nfifi, Anna Piot.
Bernard Clément qui a rendu possibles mes rêves et qui a toujours cru en moi.
Dominique Delorme, responsable Net Ecoute.

Tous les prénoms des enfants cités dans les témoignages ont été changés pour préserver leur anonymat.